Der Campo Santo Teutonico

Der

CAMPO SANTO TEUTONICO

Eine
deutschsprachige
Exklave
im Vatikan

Im Auftrag der Erzbruderschaft zur
Schmerzhaften Muttergottes beim
Campo Santo der Deutschen und Flamen

herausgegeben von

Albrecht Weiland

TEUTONES IN PACE.

INHALT

SEPVLCRETVM·A. CONSTANTINO·MAGNO·CONSTITVTVM·CONSTRATVM·GLEBIS·CALVARII·MONTIS
QVIBVS·OBRVTA·FVIT·CRVX·CHRISTI·MISSIS·A·S·HELENA
INSTAVRATVM·ET·SACRI·AD·CALVARIVM·ITINERIS·MANSIONIBVS·ORNATVM·A·MDCCLXV
HERMANN MARIA STOECKLE
REKTOR 1931 – 1954
DOMHERR VON ST. PETER
BAYREUTH 9·3·1888 ✝ ROM 12·3·1972
HIC
QUIESCIT
IOANNES BAPTISTA DE MONTEL
S. ROM. ROTAE DECANUS EMERITUS
IMP. ET R. LEGATIONIS AUSTRO UNG.
APUD S. SEDEM CONCILIARIUS
ANTON MARIA DE WAAL
APOSTOLISCHER PROTONOTAR
ANTON VON GEGENBAUR
K. WURTT. HOFMALER
GEB. ZU WANGEN I. ALLGÄU
GEST. ZU ROM

VORWORT

Gegründet als Anlaufstelle für Pilger aus dem damaligen Frankenreich im 8. Jahrhundert, steht der **Campo Santo Teutonico** in der Tradition des bedeutenden Europäers Karls des Großen und erfreut sich seit jeher einer Vielzahl von Personen, die jedes Jahr diesen am Rande der großen Pilgerströme, aber gleichwohl im Zentrum der Christenheit gelegenen Ort gleich neben dem Petersdom aufsuchen.

Die wenigsten Besucher werden wissen, dass der gesamte Gebäudekomplex unserer bereits um 1450 gegründeten und auch heute noch in der Pilgerseelsorge sehr aktiven deutschsprachigen Laienbruderschaft, der Erzbruderschaft zur Schmerzhaften Muttergottes der Deutschen und Flamen, gehört, die es sich zur Aufgabe gemacht hat, diesen lebendigen Ort in seiner Besonderheit und Einmaligkeit für die Zukunft zu bewahren. Er umfasst heute – neben dem vollständig von Mauern umschlossenen Friedhof – eine Kirche, das Päpstliche Deutsche Priesterkolleg, das renommierte Römische Institut der Görres-Gesellschaft, eine wissenschaftliche Bibliothek, darin enthalten die römische Bibliothek Joseph Ratzinger / Benedikt XVI. und einen neu gegründeten Gäste- und Tagungsbereich, der unter dem Namen Forum Campo Santo zusammengefasst ist. So ist der Campo Santo Teutonico auch heute noch – mehr als zwölfhundert Jahre nach der Gründung – ein Ort der Begegnung für Menschen aus aller Welt, die als Touristen den Friedhof besuchen und die Ruhe dieses spirituellen Ortes genießen, als Gläubige die Heilige Messe feiern, als Kollegiaten hier leben und studieren oder als Wissenschaftler an den zahlreichen Vorträgen und Tagungen teilnehmen oder Forschung auf hohem Niveau betreiben.

Es ist daher keine leichte Aufgabe, diesen Ort in seiner historischen Dimension und Komplexität zu erfassen und im Rahmen eines Bildbandes dem geneigten Leser so zu präsentieren, dass er einen kurzen, gleichwohl aber vertieften und präzisen Blick hinter die Mauern des Campo Santo Teutonico erhält.

Ich freue mich daher, dass wir heute mit der zweiten, überarbeiteten und aktualisierten Auflage weit mehr als einen Bildband in den Händen halten, in dem es dem Herausgeber und Autor, unserem Ehrenmitglied Dr. Albrecht Weiland, eindrucksvoll gelungen ist, die Geschichte dieses bedeutenden Ortes historisch präzise darzulegen und bis in die Gegenwart zu beschreiben. Die Bildauswahl trägt dazu bei, dem Leser die Schönheit und Besonderheit dieser Institution eindrucksvoll vor Augen zu führen. Albrecht Weiland, der bereits seine Dissertation über den Campo Santo Teutonico verfasst hat, verfügt über die derzeit beste historische Sachkenntnis über unseren Ort, den er auch heute noch durch sein ehrenamtliches Engagement im Vorstand der Erzbruderschaft aktiv mitgestaltet. Er hat auch die ansprechende Gestaltung des Buches übernommen. Dafür sei ihm sehr herzlich gedankt. Die Beiträge über das Priesterkolleg und das Römische Institut der Görres-Gesellschaft stammen ebenfalls von einem profunden Kenner der Geschichte unseres Hauses, dem Direktor des Römischen Instituts der Görres-Gesellschaft, Mons. Prof. Stefan Heid. Eine Meditation über den Kreuzweg hat Kurt Kardinal Koch beigesteuert. Auch ihnen danke ich für ihre wertvolle Mitarbeit.

Wir laden Sie ein, auf diese Weise die weltweit älteste bestehende deutschsprachige Kultureinrichtung im Ausland kennenzulernen.

Franco Reale
Camerlengo der Erzbruderschaft

LAGE

Der Campo Santo Teutonico gehört nicht nur aufgrund seiner privilegierten Lage an der Südseite der Peterskirche, sondern auch wegen seiner Jahrhunderte alten Geschichte zu den eindrucksvollsten Orten in der Ewigen Stadt. Das kleine, circa 2.000 m² umfassende Areal besteht aus einem Friedhof, einer Kirche und anschließenden Gebäuden, die von einem deutschsprachigen päpstlichen Priesterkolleg und seit 1888 auch vom Römischen Institut der Görres-Gesellschaft genutzt werden. Seit der Mitte des 15. Jh. hat eine deutschsprachige Bruderschaft hier ihren Sitz, die seit Anfang des 16. Jh. Eigentümerin des Areals ist.

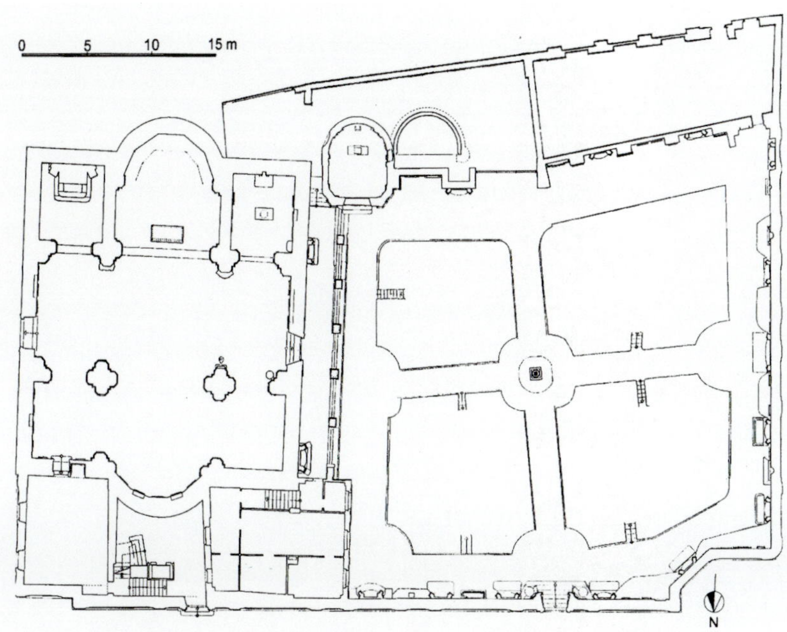

Der Campo Santo liegt scheinbar innerhalb des Vatikans, gehört aber nicht zum eigentlichen vatikanischen Staatsgebiet, sondern genießt seit 1929 mit dem Abschluss der Lateranverträge und der Schaffung des Vatikanstaates das Privileg der Exterritorialität. Um ihn zu erreichen, muss man zwei Sicherheitsposten passieren, einmal die Schweizergarde am Eingang zum Vatikan an der Piazza del Sant'Uffizio links am Ende der Kolonnaden des Petersplatzes und zweitens unmittelbar vor dem Areal des Campo Santo die Wachposten der sog. Vigilanza, der vatikanischen Gendarmerie. Erst von dieser Stelle, ab dem großen Eisengitter, betritt man vatikanisches Staatsgebiet, dessen Grenze sich um die Nord- und Westmauer des Campo Santo herumzieht.

△ Zugang zur Pforte des Campo Santo Teutonico noch vor der Staatsgrenze der Vatikanstadt (Eisengitter), dahinter der Wachposten der vatikanischen Gendarmerie.

Die Bezeichnung »Campo Santo«, ursprünglich nur auf den Friedhof bezogen, steht heute für den gesamten Komplex. In der Kaiserzeit befand sich hier der Zirkus des Nero, in dem die ersten Christen um 64 das Martyrium erlitten. Nach dem Zerfall des Zirkus in der zweiten Hälfte des 2. Jh. wurden auf seinem Areal Mausoleen errichtet. Parallel zur berühmten Nekropole unter der Peterskirche erstreckte sich auch eine

Nekropole an der Südseite des Zirkus, unter den heutigen Kollegsgebäuden, die allerdings nie fachmännisch ausgegraben und untersucht worden ist. Mit dem Bau der Peterskirche unter Kaiser Konstantin im 4. Jh. wurden nach und nach Gebäude errichtet, die mit dem aufblühenden Pilgerwesen in Verbindung standen, das sich im Umkreis eines der wichtigsten Pilgerzentren der Christenheit gebildet hatte. Dazu gehörten Pilgerunterkünfte mit kleineren Kirchen oder Kapellen und Friedhöfe. Der Campo Santo Teutonico steht in dieser Tradition und kann daher mit Recht für eine mehr als 1500-jährige Kontinuität im Schatten der Peterskirche in Anspruch genommen werden.

△ Ost- und Südseite des Campo Santo Teutonico. Die Kirche mit ihren Fenstern an der Ostseite und der Hauptapsis im Süden fügt sich ganz in den Gebäudekomplex ein und tritt als solche kaum in Erscheinung. Lediglich der etwas dunklere Verputz der eigentlichen Kirchenaußenwand deutet eine Unterscheidung an. Die Südseite (linker Bildrand) endet im Westen mit dem Gitter, das die Grenze des Vatikanstaates anzeigt. Dort verlief bis in die 1920er Jahre die Via Teutonica mit dem Hauptzugang zum Campo Santo Teutonico.

NAME »CAMPO SANTO«

Der Name Campo Santo beziehungsweise *campus sanctus*, auch *ager sanctus*, zu deutsch »heiliges Feld«, lässt sich in zahlreichen Dokumenten seit der Mitte des 14. Jh. für diesen Friedhof nachweisen, doch ist nicht auszuschließen, dass diese Bezeichnung noch älter ist. Der Name steht keinesfalls für eine allgemeine Bezeichnung für Friedhof, wie noch heute im italienischen Sprachgebrauch üblich, sondern für genau diesen konkreten Platz und seine Geschichte. Die Bezeichnung »Teutonico« steht für den gesamten deutschsprachigen Kulturkreis und bezieht auch das Niederdeutsche und Flämische mit ein. Der Name »Heiliges Feld« hängt mit zwei Überlieferungssträngen zusammen, die in verschiedenen Quellen über die Jahrhunderte hinweg aufscheinen und sich auf zwei Ereignisse beziehen: zum einen auf die Christenverfolgung unter Nero, zum anderen auf die angebliche Übertragung von Erde aus dem Heiligen Land.

Der römische Schriftsteller Tacitus berichtet im 15. Buch, Kapitel 44 seiner Annalen von dem Märtyrertod der Christen in den Gärten und dem Zirkus des Nero. Die Erinnerung daran wurde über die Jahrhunderte wach gehalten, und vor allem die Humanisten des 15., 16. und 17. Jh. haben den Namen Campo Santo ausdrücklich mit diesem Geschehen in Verbindung gebracht. Nicht von ungefähr trägt der Platz zwischen dem Campo Santo und der Peterskirche den Namen »Piazza dei Protomartiri Romani«, Platz der Erstlingsmärtyrer Roms, und erinnert so an das Martyrium unter Nero. Auch im Campo Santo selbst ist bis heute diese Erinnerung lebendig, wenn die Erzbruderschaft bei ihren regelmäßigen Kreuzwegandachten im Laufe eines Jahres, die sie für ihre lebenden und verstorbenen Mitglieder abhält, im Abschlussgebet auch dieser Märtyrer gedenkt, die an diesem Ort ihr Leben ließen.

Der zweite Überlieferungsstrang, der den Namen Campo Santo mit der Übertragung von Erde aus dem Heiligen Land erklärt, geht ebenfalls bis in die Mitte des 14. Jh. zurück und steht im Zusammenhang der

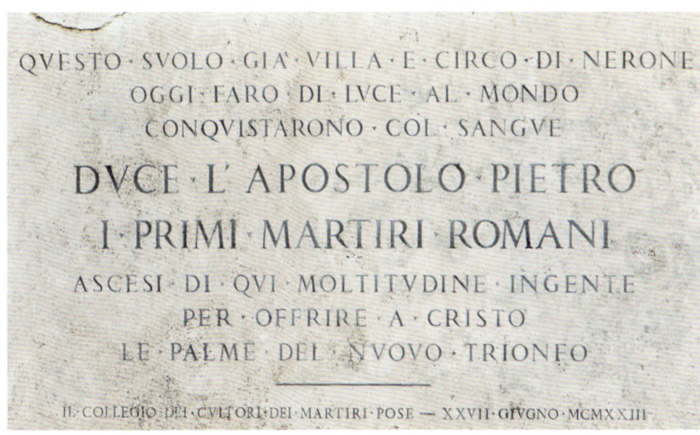

△ Gedenktafel an der Außenmauer des Campo Santo Teutonico zu St. Peter hin zu Ehren des Apostelfürsten Petrus und der ersten römischen Märtyrer, die hier im Zirkus des Caligula und Nero um das Jahr 64 den Märtyrertod erlitten. Die Tafel wurde 1923 vom Collegium Cultorum Martyrum, einer Vereinigung zum Gedenken an die römischen Märtyrer, gestiftet, vermutlich als der Platz seinen heutigen Namen erhielt. Die Vereinigung war 1879 im Campo Santo gegründet worden.

△ Fresko der Hl. Helena in der Version des österreichischen Malers Karl Schönbrunner Ende des 19. Jh., der das ältere Fresko von Christoph Unterberger aus dem 18. Jh. ersetzte. Es befindet sich heute hinter dem Majolikabild der ersten Christen im Zirkus des Nero.

Reise- und Mirabilienliteratur dieser Zeit. Danach soll Kaiserin Helena, die Mutter Kaiser Konstantins, Erde aus dem Heiligen Land nach Rom verbracht und bei der Peterskirche ausgestreut haben. Zwar sind die Kreuzauffindung unter Kaiserin Helena in Jerusalem und die Überbringung derartiger Reliquien nach Rom historisch wahrscheinlich, doch von einer Übertragung von Erde wissen wir nichts. Weiter führt uns ein Blick in die Reise- und Mirabilienliteratur selbst, denn dort wird recht präzise erklärt, woher wohl die Erde gekommen sei, nämlich von dem berühmt-berüchtigten Hakeldama, dem Blutacker in Jerusalem, den die Hohepriester für die 30 Silberlinge des Judas als Begräbnisort für die Fremden erworben hatten. Eine Parallelisierung zum Friedhof des Campo Santo, der von alters her ein Fremdenfriedhof war, lag daher nahe. Dies wird explizit auf einer Grabplatte bestätigt, die aus dem Jahr 1603 erhalten ist und in deren Inschrift der Friedhof *»hoc sancto vaticani haceldama«* (dieser heilige Hakeldama des Vatikans) genannt wird. Die Übertragung von Erde aus Jerusalem folgt einem alten Brauch, der schon bei den Juden üblich war und sich besonders bei den christlichen Pilgern großer Beliebtheit erfreute. Es sind mehrere schriftliche Zeugnisse bekannt, wonach Pilger Erde aus Jerusalem auf dem Campo Santo ausgestreut haben. Das Besondere der Erde des Campo Santo hatte sich im 15. und 16. Jh. nicht zuletzt durch die Mirabilienberichte schon weit verbreitet, und so ist es nicht verwunderlich, dass schon bald Gesuche um Überlassung von etwas Erde des Campo Santo für andere Friedhöfe aus vielen Regionen der Christenheit eintrafen. Aus dem deutschsprachigen Raum sind es vor allem Orte in Österreich: Hall in Tirol, Innsbruck, Kolsass, und das damals vorderösterreichische Freiburg im Breisgau. Aber auch aus Polen, zum Beispiel Gnesen, und Spanien gab es Gesuche, die meisten kamen jedoch aus Süditalien. Bis in das ausgehende 18. Jh. finden sich viele derartige Gesuche im Archiv des Campo Santo, sie wurden meist positiv beantwortet, das letzte dieser Art stammt aus der 1. Hälfte des 20. Jh. Die Verantwortlichen waren sich der Bedeutung ihrer Friedhofserde schon früh bewusst und haben dies z. B. bei der Einwerbung für die Finanzierung des Kirchenneubaus Ende des 15. Jh. in ihren Bittschriften ausdrücklich eingesetzt. Als die Bruderschaft im 18. Jh. ihre Kreuzwegstationen errichten ließ, wurde dabei eigens auf die Heilige Erde aus Jerusalem verwiesen und folgerichtig 1764 an der Westseite des Friedhofs eine große Ädikula geschaffen, die mit einem Fresko ausgestattet wurde, das die Hl. Helena vor dem Kreuz Christi beim Einsammeln der Erde des Calvarienberges zeigt, die nach Rom verbracht werden soll. Das Fresko wurde mehrmals erneuert, bis es 1928 durch das heutige Majolika-Bild verdeckt wurde, das das Martyrium der ersten Christen zusammen mit dem hl. Petrus im Zirkus des Nero zeigt.

So sind auf eigenartige Weise beide Überlieferungsstränge bildlich vereint, die den besonderen Namen des Friedhofs als »Heiliges Feld« versinnbildlichen.

SEPVLCRETVM · A. CONSTANTINO · MAGNO · CONSTITVTVM · CONSTRATVM · GLEBIS · CALVARII · MONTIS
QVIBVS · OBRVTA · FVIT · CRVX · CHRISTI · MISSIS · A. S. HELENA
INSTAVRATVM · ET · SACRI · AD · CALVARIVM · ITINERIS · MANSIONIBVS · ORNATVM · A. MDCCLXV
ERMANN MARIA STOECKLE
REKTOR 1931 – 1954
DOMHERR VON ST. PETER
REUTH 9·3·1888 ✝ ROM 12·3·1972
HIC
QUIESCIT
IOANNES BAPTISTA DE MONTEL
S. ROM. ROTAE DECANUS EMERITUS
IMP. ET R. LEGATIONIS AUSTRO UNG.
APUD S. SEDEN CONCILIARIUS
DEF. ROMAE
DIE XXI NO
MDCCCCX
ANTON MARIA DE WAA
REKTOR 1872 –
APOSTOLISCHER PROTON
★ EMMERICH 5·5·1837 ✝ ROM
ALEXANDER · VOLKONSKYVS · PRINCEPS · CVIVS · VXSOR · ALOISIA · IN · H. SEPVLCRETO · QVIESCIT
CONTVLIT · DC. AVREOS · QVO · ITER · CHRISTI · DEI · AD · CALVARIVM
NOVIS · AD · DIAGRAMMA · OVERBECKI · EXACTIS · PICTVRIS · EXPRIMATVR · A. CH · MDCCCLXXI

CAROLUS MAGNUS
ME FUNDAVIT
A. de Rohden

FRÜHGESCHICHTE

An der Nordseite der Fassade des Campo Santo, unterhalb des kleinen Glockenturmes, verkündet seit über 100 Jahren ein großes Majolikabild Karls des Großen und eine darunter befindliche lateinische Inschrift mit stolzen Worten: Karl der Große hat mich gegründet. Diese Aussage führt uns über 1000 Jahre zurück, und es stellt sich sofort die Frage, was Karl der Große hier gegründet hat.

Eine förmliche Stiftungsurkunde ist nicht vorhanden, und doch sind mit diesem Ort Privilegien verbunden, die auf Karl den Großen zurückgehen oder sich auf ihn berufen. Daher darf für diese Privilegien eine schriftliche Form angenommen werden, denn in späteren päpstlichen und anderen Urkunden sind Textspuren und Inhalte einer heute vermutlich verlorenen Urkunde erhalten. Betrachten wir die Quellen.

Geschichtlich eindeutig fassbar ist bei St. Peter die Existenz einer sog. Schola Francorum, die erstmals 799 im Liber Pontificalis zusammen mit den Scholen der Friesen, der (Angel)sachsen und Langobarden erwähnt wird.
Diese sog. Fremdenscholen des frühen Mittelalters stehen in engem Zusammenhang bzw. in der Nachfolge des spätantiken Pilgerwesens, das mit der Fertigstellung der Peterskirche im 4. Jh. aufblühte, war doch das Apostelgrab eines der wichtigsten Pilgerziele der Christenheit. Deshalb ist davon auszugehen, dass sich die üblichen Einrichtungen, die zum Pilgerwesen gehörten, also Unterkünfte und Versorgungsstationen, hier angesiedelt haben. Das gilt besonders auch für Friedhöfe, die bevorzugt in der Nähe von Pilgerzentren und von verehrten Grabstätten angelegt wurden. Sowohl die Frankenschola wie der heutige Campo Santo Teutonico stehen in dieser Tradition.

Die Scholen waren landsmannschaftlich ausgerichtete Einrichtungen beziehungsweise Korporationen, die sich um die Pilger aus den verschiedenen Teilen der Christenheit kümmerten, in unserem Fall um die Pilger aus dem Frankenreich. Die Frankenschola wurde, wie aus späteren Urkunden hervorgeht, von Klerikern geleitet und war seit dem 9. Jh. dem Martinskloster im Umkreis der Peterskirche beziehungsweise dem Kapitel von St. Peter unterstellt. Räumlich bestand sie aus einer Kirche, einer Pilgerherberge beziehungsweise einem Hospiz für die Kranken und einem Friedhof.

Die älteste nachweisbare Notiz, dass die Frankenschola eine Kirche besaß, welche dem Salvator – Christus dem Erlöser – geweiht war, stammt aus einem

◁ Anlässlich der 1100 Jahrfeier des Campo Santo Teutonico 1896/97 ließ der damalige Rektor Anton de Waal das Majolikabild Karls des Großen an der Außenfassade anbringen. Der Entwurf stammt von dem Nazarenerkünstler Albert de Rohden, der sich auf Majolikamalerei spezialisiert hatte. Von ihm stammen auch einige Kreuzwegstationen. Rohden ist in der Familiengruft unter der Portikus der Kirche bestattet.

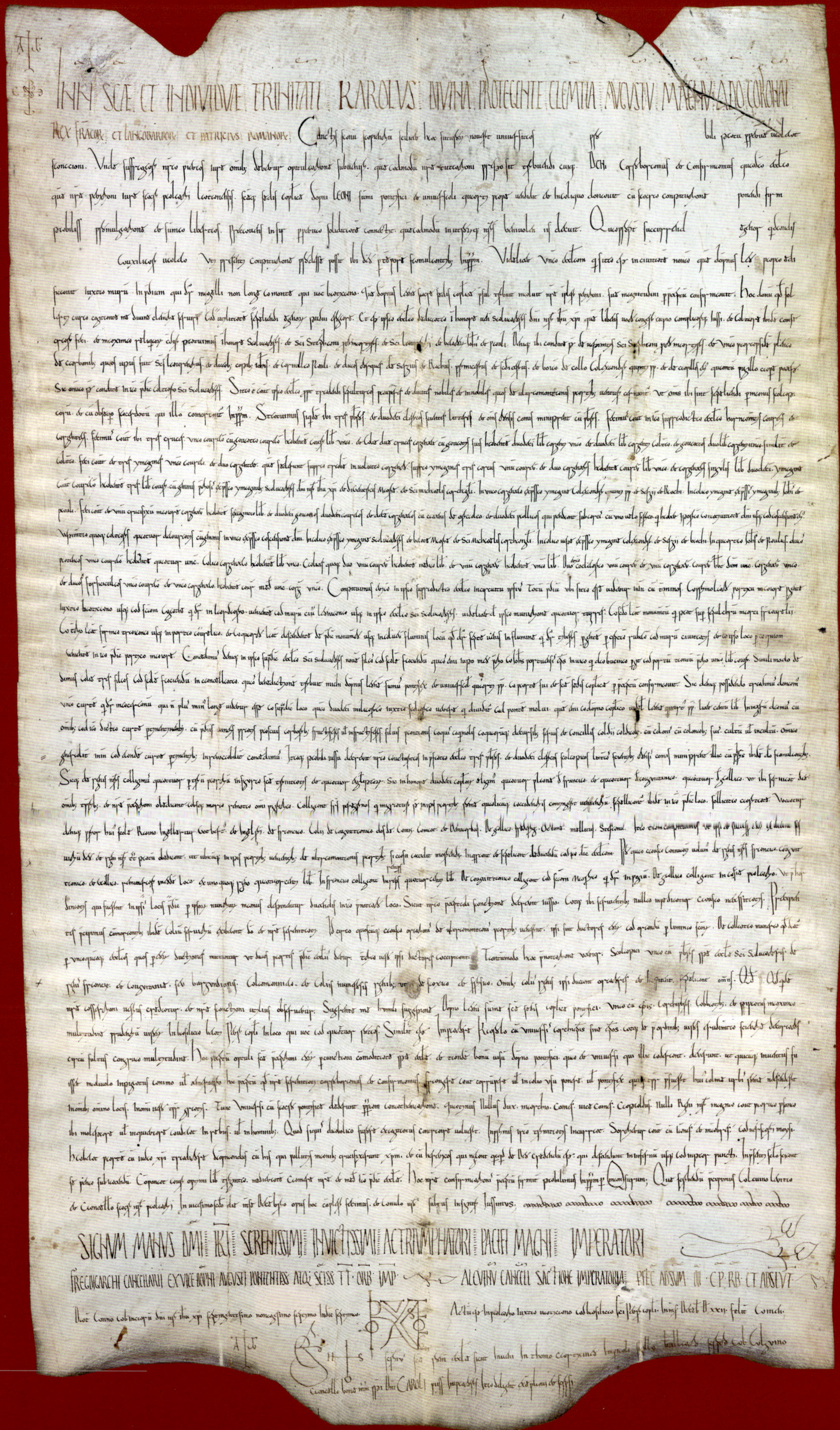
INN SCAE ET INDIVIDUAE TRINITATI KAROLUS DIVINA PROTEGENTE CLEMTIA AUGUSTU MAGNU ADQ CORONAT
REX FRACOR ET LANGOBARDOR ET PATRICIUS ROMANOR
SIGNUM MANUS DMI KLI SERENISSIMI INVICTISSIMI AC TRIUMPHATORI PACIFI MAGNI IMPERATORI
FREGNGARCHI CANCELLARII EX VICE DOPHI AUGUSTI PONTENTISS ATQ SCISS TT ORB IMP
ALCUINU CANCELL SACTIONE IMPERATORIA PTEC ADSUM III CP RB ET ABSEVT

Translationsbericht um das Jahr 844, als Märtyrerreliquien vor ihrer Übertragung in das Frankenreich vorübergehend in der Kirche der Frankenschola aufbewahrt wurden. Sie ist in einer Würzburger Handschrift aus der Mitte des 9. Jh. enthalten.

Wie aus verschiedenen Urkunden und Dokumenten des 9. und 11. Jh. hervorgeht, hat Karl der Große »seine Frankenschola« und die zugehörige Salvatorkirche mit kostbaren Reliquien und liturgischen Geräten, aber auch mit jährlichen Einkünften beschenkt. Wann er diese Maßnahmen angeordnet hat, lässt sich heute nicht mehr sagen. Wenn Karl der Große Gründer der Schola oder in irgendeiner Form an deren Errichtung beteiligt war, dann muss das vor 799 gewesen sein, denn in diesem Jahr existierte sie bereits. Karl hielt sich davor in den Jahren 774, 781 und 787 in Rom auf und nahm bevorzugt bei St. Peter Quartier, also in unmittelbarer Nähe zur Frankenschola. Nach Rudolf Schieffer ist daher nicht ausgeschlossen, in diesen Zeitraum die eigentliche Gründung anzusetzen, wobei man eher an einen sich über einen längeren Zeitraum hinziehenden Prozess denken mag, an dem am Ende die o.g. Privilegien Karls des Großen verliehen wurden, verbunden mit seinem besonderen Schutz der Einrichtung.

Inwieweit ein Hospiz und ein Haus im Umkreis der Peterskirche, das Abt Fulrad von St. Denis, einer der hochrangigsten Personen am Hof der Karolinger, bereits 757 von Papst Stefan II. geschenkt erhielt, was von Papst Hadrian I. 781 noch einmal bestätigt wurde, in die Frankenschola eingingen oder mit ihr in Beziehung standen, lässt sich derzeit nicht mehr feststellen, besonders auch, was die topographische Verortung betrifft. Die Schenkung bestätigt jedoch eine karolingische Präsenz bei St. Peter vor Karl dem Großen. Möglicherweise wurden diese Besitzungen nach dem Tode Fulrads 784 in die Gründung der Frankenschola mit einbezogen.

In diesem Zusammenhang spielt auch die sogenannte Stiftungsurkunde Karls des Großen vom 22. Dezember 797, die in einer Pergamentabschrift aus dem Jahr 1141 vorliegt, eine nicht unerhebliche Rolle.

Seit über 200 Jahren weiß man, dass es sich dabei um eine Fälschung handelt, deren Original aus Papyrus um 1000 entstanden sein könnte. Sie führt alle wesentlichen Punkte auf, die auch aus Dokumenten und päpstlichen Urkunden des 9. und 11. Jh. bekannt sind: Gründung der Schola durch Karl den Großen, Ausstattung der Salvatorkirche mit Preziosen und Reliquien, Einsetzung von drei Presbytern und zwölf Klerikern als Leiter der Einrichtung, Festsetzung von geldlichen Abgaben aus dem Frankenreich zum Unterhalt der Stiftung, um nur die wichtigsten Angaben zu nennen.

Auf die Kriterien, die dieses Schriftstück als konstruierte Stiftungsurkunde ausweisen, z.B. die Nennung der sog. Leostadt (Borgo), die erst in der Mitte des 9. Jh. nach dem Sarazeneneinfall unter Leo IV. geschaffen wurde, kann hier nicht näher eingegangen werden, wohl aber auf einen wesentlichen Punkt, der sich mit den Besitzverhältnissen befasst. Die sog. Stiftungsurkunde will nämlich glauben machen, dass Karl seiner Stiftung neben den zahlreichen Geschenken und den jährlichen Abgaben aus dem Frankenreich eine gewisse Unabhängigkeit und Selbständigkeit verliehen habe. Ob diese rechtliche Unabhängigkeit je bestand, ließe sich nur durch ein evtl. verloren gegangenes (Stiftungs-)Dokument beweisen. Zur Zeit der Fälschung waren jedoch die Salvatorkirche und ihr Umfeld längst dem Martinskloster und damit der Verfügungsgewalt des Kapitels von St. Peter unterstellt, wie wir in einer Bulle Leos IV. aus dem Jahr 854 erfahren. Diese Besitzverhältnisse wurden von späteren Päpsten, unter anderem auch vom deutschen Leo IX. im Jahr 1053, bestätigt und blieben bis zum ausgehenden 15. Jh. in Kraft. Die Kleriker der Salvatorkirche wollten offensichtlich mit ihrer gefälschten Urkunde auf die früheren Verhältnisse zurückgreifen, konnten sich aber damit nicht durchsetzen.

Die Frankenschola und besonders ihre Salvatorkirche sowie der dazugehörige Friedhof werden seit dem 9. Jh. in päpstlichen und anderen Urkunden und Kirchenkatalogen über einen Zeitraum von über 700 Jahren immer wieder genannt. Darin wird einerseits auf die Schenkungen Karls des Großen rund um die Salvatorkirche Bezug genommen, andererseits auch oft der Friedhof erwähnt, der ausdrücklich für die Bestattungen der Pilger aus dem Frankenreich und anderen Teilen der Christenheit bestimmt war. Über Jahr-

◁ Sog. Stiftungsurkunde Karls des Großen aus dem Archiv des Kapitels von St. Peter, Pergamentabschrift aus dem Jahr 1141, ersetzt eine ältere Urkunde aus Papyrus, vermutlich um 1000 entstanden. Nach dem Urkundentext selbst will sie vom 22.12. 797 datieren.

hunderte ist darin von den Pilgern jenseits der Alpen (»*ultramontanorum*«) die Rede, ab dem 14. Jh. wird das mit den »*allamannorum*«, also den deutschsprachigen, präzisiert. In dieser Zeit werden im Archiv des Kapitels von St. Peter auch explizit deutsche Personen genannt, die im Umkreis der Salvatorkirche wohnen.

Wie groß das gesamte Gelände der Schola Francorum war und welche Gebäude im Einzelnen dazu gehörten, lässt sich nicht mehr genau bestimmen. Es war aber bedeutend größer als das heutige Areal des Campo Santo Teutonico. Die Lokalisierung der Salvatorkirche, die in Quellen und Kirchenverzeichnissen meist mit einer topographischen Ortsbezeichnung versehen ist, ist dennoch nicht so eindeutig, wie es scheinen mag. Am wahrscheinlichsten ist ihre Lokalisierung im Bereich der kleinen Kirche südlich des heutigen Palastes der Glaubenskongregation, da aus dem 15. Jh. Quellen und Inschriften zur dortigen Kirche auf die Salvatorkirche Bezug nehmen. Der Friedhof war womöglich zweigeteilt, ein Friedhof direkt an der Kirche und ein weiterer näher zu St. Peter hin, auf dem die Fremden und Mittellosen beerdigt wurden; oder es gab nur den letzteren, etwas von der Salvatorkirche entfernt gelegenen Friedhof. Dies lässt vielleicht auch die weiter unten zitierte Notiz »eine große Grube in den Gärten von St. Salvator …« besser verstehen. Auf dem Gelände befanden sich, jedenfalls im ausgehenden Mittelalter, noch mindestens zwei weitere Kirchen: eine kleinere, dreischiffige Gregorkirche und eine größere, vermutlich ebenfalls dreischiffige Kirche, die in den Quellen des 15. Jh. genannte »*secunda ecclesia*«, die der Muttergottes geweiht war und als Vorgängerkirche der heutigen Campo Santo-Kirche angesehen wird.

△ Gedenktafel für Friedrich Frid aus dem Jahr 1903. Damals war der Nachname noch nicht bekannt, deshalb die Bezeichnung Friderico Teutonico, wie er aus einer päpstlichen Bulle bekannt war. Die Tafel war ursprünglich an der östlichen Außenwand der Kirche angebracht und liegt seit 1975 auf dem Friedhof (s.a. S. 65 ff.).

Da die Institution auch in den folgenden Jahrhunderten in verschiedenen Dokumenten immer wieder erwähnt

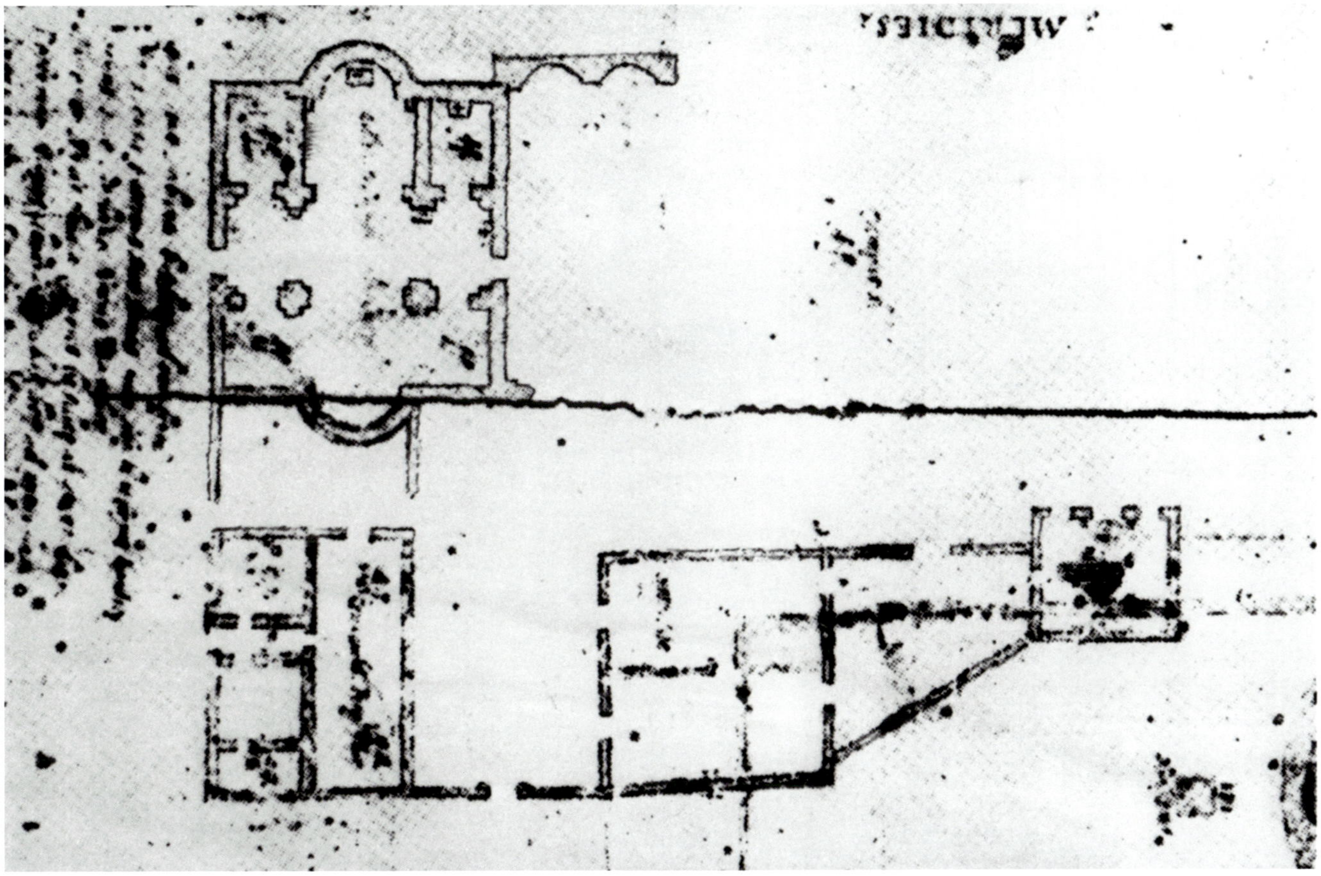

wird, muss sie also weiter bestanden haben, was vor allem für den Friedhof gilt. Noch im ausgehenden 14. Jh., im Jahr 1390, lässt das Kapitel von St. Peter »in den Gärten von St. Salvator« eine große Grube anlegen, damit die Verstorbenen ordnungsgemäß bestattet werden konnten, da »Wölfe die Leichen ausgescharrt und gefressen hätten«. Dazu muss man wissen, dass im Mittelalter die Leichen oft nur leicht verscharrt und lediglich oberflächlich mit Erde bedeckt wurden, so dass es für streunende Hunde ein Leichtes war, an die Leichen heranzukommen (zur Bestattung s. unter »Friedhof«).

Zu Beginn des 15. Jh. muss der Friedhof ziemlich verwahrlost gewesen sein. Die dazugehörigen Gebäude wie Kirche und Hospiz befanden sich offenbar in ruinösem Zustand. Mehrmals wird der Versuch unternommen, mit Hilfe von päpstlichen Ablassgewährungen Geldmittel für den Wiederaufbau von Friedhof und Kirche zu besorgen, jedoch ohne nennenswerten Erfolg. Wer die Antragsteller waren, lässt sich derzeit nicht ermitteln, Namen oder Gruppen werden weder bei den Anfragen noch bei den Antworten genannt. Um 1440 nimmt sich ein Deutscher aus Magdeburg, Friedrich Frid, des heruntergekommenen Friedhofs an. Er erhält vom Kapitel von St. Peter, dem territorialen Eigentümer, die Erlaubnis, gegen eine geringe jährliche Abgabe ein Wohnhaus auf dem Gelände zu errichten und die Aufgabe der Totenbestattung von Pilgern und Fremden, die ja keiner römischen Pfarrei angehörten und um die sich daher niemand kümmerte, als Werk der christlichen Barmherzigkeit wahrzunehmen. Auf ihn geht auch die Herrichtung der alten Marienkirche, der sog. *»ecclesia secunda«*, zurück, die in schlechtem baulichen Zustand war und die er unter Mithilfe weiterer Landsleute mit einem Dach, Türen und Fenstern und sogar Ausmalungen versehen ließ. Von dieser

△ Ausschnitt aus dem gezeichneten Alfaranusplan zu Alt-St. Peter 1571, oben Grundrisse der heutigen Kirche und weiterer Vorgängerbauten des Campo Santo, rechts Grundriss der kleinen dreischiffigen Gregorkirche.

Kirche haben sich in den beiden Apsiden der heutigen Friedhofskapelle und im Foyer des Priesterkollegs Reste erhalten. Eine dritte Apsis schloss sich nach Osten an, hatte jedoch weniger starkes Mauerwerk. Über die Größe der Kirche und ihre architektonische Form jenseits der Chorpartie liegen keine Erkenntnisse vor, es könnte sich aber wie bei der Gregorkirche um eine dreischiffige Anlage gehandelt haben. In den Kirchenkatalogen des Mittelalters wird sie nicht erwähnt, ihr Alter ist daher unbestimmt. Eine frühere Zuweisung dieser Überreste zu dem aus dem Liber Pontificalis bekannten Triklinium Papst Leos III., einem Raum mit kleineren Apsiden, ähnlich dem Triklinium beim Lateranpalast, ist nach neueren Forschungen auszuschließen. Das Mauerwerk aus kleinen Tuffsteinen ist für die karolingische Zeit in Rom nicht nachzuweisen und gehört mit seinem Schmuck aus kleinen quadratischen Marmorsteinen am oberen Ansatz der Apsiswölbung an der Außenwand eher dem 12. und 13. Jh. an. Andererseits spricht das Bodenniveau der Apsiden bzw. Kirche, das ca. 1.20 m unter dem heutigen Friedhofsniveau liegt, für ein hohes Alter.

Der beispiellose Einsatz von Friedrich Frid und seinen Helfern für Kirche und Friedhof hat schließlich um 1450 zur Gründung einer Bruderschaft geführt, die letztlich die uralten Aufgaben der Frankenschola wieder aufgegriffen hat und diese mit z. T. anderen Schwerpunkten bis heute fortführt.

◁ Blick in das Foyer des Campo Santo Teutonico mit den beiden Apsiden der Vorgängerkirche des Campo Santo, der sog. ***»ecclesia secunda«***, der Marienkirche. An den Wänden und in den Vitrinen sind Objekte der frühchristlichen Sammlung des Campo Santo Teutonico untergebracht.

ARCHICONFRATERNITAS S. MARIAE CAMPI SANCTI TEVTONICORVM

DIE ERZBRUDERSCHAFT

Die Erzbruderschaft zur Schmerzhaften Muttergottes der Deutschen und Flamen ist seit über 500 Jahren Eigentümerin des Campo Santo Teutonico. Sie besteht aus Männern und Frauen, Laien und Klerikern, die dem deutschsprachigen und flämisch-niederländischen Kulturkreis angehören, Mitglied der katholischen Kirche sind und in Rom oder Umgebung ihren Wohnsitz haben. Wer zwar katholisch ist, aber die anderen beiden Kriterien nicht erfüllt, kann als sog. Devotionsmitglied aufgenommen werden, hat aber nicht alle Rechte eines Vollmitgliedes, welches das aktive und passive Wahlrecht und das Recht der Bestattung auf dem Campo Santo Teutonico besitzt.

Zu den Aufgaben der Bruderschaftsmitglieder gehörten nach Art. 2 der aktuellen Satzung aus dem Jahr 2003 die Pflege der christlichen Brüderlichkeit, die Feier des deutschsprachigen Gottesdienstes am Campo Santo Teutonico sowie den Bestand und Erhalt ihres Friedhofs zu gewährleisten und das christliche Totengedächtnis zu pflegen, den Bestand und Erhalt des Priesterkollegs beim Campo Santo Teutonico zusammen mit dem Verband der Diözesen Deutschlands im Rahmen ihrer Möglichkeiten zu gewährleisten, geistliche und materielle Hilfe für ältere und kranke Mitglieder und für Pilger aus dem deutschsprachigen und flämisch-niederländischen Kulturkreis zu leisten.

Die Anfänge der Bruderschaft reichen in die vierziger Jahre des 15. Jh. zurück, als durch die Initiative des Friedrich Frid der damals heruntergekommene Fremdenfriedhof Campo Santo wieder hergerichtet und die verfallene Friedhofskirche S. Maria und das Hospiz für Pilger wieder aufgebaut wurden (s. oben »Frühgeschichte«).

Dieses Gemeinschaftserlebnis und die gegenseitige Unterstützung bei der Sorge um den uralten Friedhof und die Pilgerbetreuung haben den Gedanken einer Bruderschaft reifen lassen, deren Gründung sich schließlich im ältesten erhaltenen diesbezüglichen Dokument, dem sog. Notariatsinstrument vom 29. Dezember 1454, manifestiert. Dort wird im Einleitungskapitel ausdrücklich auf die eben genannte Vorgeschichte eingegangen. Die neue Gemeinschaft gründet sich als Arme-Seelen-Bruderschaft, die sich vor allem um das christliche Totengedächtnis und die Bestattung vor allem von Mittellosen und Fremden als Werk der christlichen Barmherzigkeit sorgt. Sie greift damit die uralten Aufgaben der Frankenschola wieder auf, ebenso die Betreuung und Pflege der Pilger aus der Heimat, und erneuert zu diesem Zweck auch das entsprechende Pilgerhospiz.

◁ Anhänger aus getriebenem Silberblech mit dem Wappen der Erzbruderschaft, sog. Bruderschaftsmedaille, die die weiblichen Mitglieder während der Bruderschaftsliturgie tragen. Die heutigen Medaillen basieren auf einer modernen Legierung.

In nomine Sancte et individue Trinitatis Amen

△ Sog. Notariatsinstrument vom 29.12.1454, dem ältesten bekannten Dokument der Bruderschaftsgeschichte. Das Original wird im Bayerischen Hauptstaatsarchiv in München aufbewahrt, ist zur Zeit aber nicht auffindbar.

Im Notariatsinstrument wird der Bamberger Kleriker Johannes Lichtenfelser zusammen mit anderen Landsleuten als derjenige genannt, der schließlich die Anregung zur Bruderschaftsgründung gegeben hat. Er wird als Kirchenrektor der o. g. Marienkirche auch der erste »Kaplan« der Bruderschaft, also ihr geistlicher Leiter. Sein Vorgänger als Kirchenrektor war der gelehrte Priester und Augustinereremit Johannes Goldener (oder Golderer), der um die Mitte des 15. Jh. einer der Beichtväter an St. Peter gewesen war und in einer päpstlichen Bulle 1466 als einer der Gründer der Bruderschaft bezeichnet wird. Dies wird neuerdings in Frage gestellt, weil Goldener bereits 1451 zum Weihbischof in Bamberg ernannt wurde und zur Zeit der notariellen Gründung der Bruderschaft Rom längst verlassen hatte. Da der Gründung sicher eine Phase der Gemeinschaftswerdung voranging, sollte die Rolle Goldeners keineswegs unterschätzt werden. Auch wäre kaum verständlich, dass die Überlieferung, wie sie in der Bulle von 1466 zum Ausdruck kommt, sich nach wenigen Jahren so geirrt haben könnte. Dazu kommt, dass bis zum heutigen Tag der gotische Messkelch Johannes Goldeners, den er bei seinem Abschied dem Campo Santo geschenkt haben soll, von der Bruderschaft in Ehren gehalten und beim Hauptfest der Bruderschaft, am 8. Dezember jeden Jahres, im Gottesdienst verwendet wird.

Aus dem Notariatsinstrument sind die Namen und teilweise auch Berufe der Gründungsmitglieder sowie die neuen Amtsstrukturen bekannt. Die ersten Vorstände stammen sowohl als Kleriker wie auch als Handwerker oder Bedienstete aus dem Umfeld des päpstlichen Hofes, und es wurde eigens vermerkt, dass nur aus diesem Personenkreis Vorstandsmitglieder gewählt werden durften, während die normale Mitgliedschaft allen Landsleuten zugestanden wurde. Diese Bestimmung wurde jedoch nicht lange aufrechterhalten.

▷ Kelch des Johannes Goldener. Laut Inschrift an der Unterseite des Kelches habe der Bamberger Weihbischof Johannes Goldener den Kelch 1455 der »Erz«-Bruderschaft geschenkt. Die Inschrift stammt wohl erst aus dem 19. Jh. Eine zweite Inschrift bezieht sich auf eine Restaurierung in Mainz aus dem Jahr 1961 unter dem Rektorat August Schucherts im Kontext der 500-Jahrfeier der Bruderschaft.

TREVEREN·DIOC
CIALIS·PORTE·FERRE
RI·PALACII·APLIC
VIESCAT·INPAC
D·M·CCCCLXI
NSIS·AVGVSTI·DX

Die älteste erhaltene Grabplatte des Campo Santo zeigt die Inschrift eines im Notariatsinstrument genannten Gründungsmitglieds, eines gewissen Heinrich Brauning aus Wetzlar, damals Diözese Trier, wachhabender Offizier an der Porta Ferrea, dem Hauptzugang zum päpstlichen Palast. Er starb im August 1464. Die Grabplatte ist nicht nur die älteste, sondern auch die einzige eines Gründungsmitglieds der Bruderschaft.

Besonders hervorzuheben ist, dass die Bruderschaft von Anfang an Männer und Frauen aufgenommen hat, wenn Frauen auch erst im ausgehenden 20. Jh. in Führungsämter aufrücken konnten, sieht man einmal von der Leitung des Frauenhospizes im 17. und 18. Jh. ab. Außerdem war und ist die Bruderschaft bis heute vornehmlich eine Gemeinschaft von Laien.

Die Bruderschaft gewann rasch an Zulauf, vor allem aus den zahlreichen in Rom ansässigen deutschsprachigen Handwerkern, worunter die Bäcker die zahlenmäßig größte Gruppe stellten. Sie konnte in ihrer Mitgliederzahl die ältere Anima-Bruderschaft der deutschen Gemeinde bald überflügeln.

Im Laufe der Jahrhunderte setzten sich die Mitglieder der Bruderschaft aus ganz unterschiedlichen Gesellschaftsgruppen zusammen. Überwiegend waren es bis in das 20. Jh. Handwerker und kleine Gewerbetreibende, darunter Devotionalienhändler im Umkreis von St. Peter, aber auch Bedienstete der Kurie bis hin zu hohen und höchsten Klerikern. Mit dem Zuzug deutschsprachiger Künstler nach Rom im 19. Jh. waren auch Mitglieder dieser Gruppe vertreten, dazu kamen Angehörige der kirchlichen und weltlichen wissenschaftlichen Einrichtungen und Forschungsinstitute und der jeweiligen Botschaften.

Aufgrund der unterschiedlichen Besitzverhältnisse und kirchenrechtlichen Zuständigkeiten auf dem Gelände der ehemaligen Schola Francorum musste die Bruderschaft in den ersten Jahrzehnten ihres Bestehens ihre Ansprüche gegen mächtige Nachbarn immer wieder verteidigen und erbat sich dazu päpstliche Unterstützung. Erst gut 50 Jahre nach ihrer Gründung gewann sie durch eine Bulle Leos X. vom 22. Oktober 1513 die alleinige Zuständigkeit für den Campo Santo, die Bestätigung aller bisher gewährten Privilegien, das Recht der Bestattung der Pilger und aller Bruderschaftsmitglieder und für ihre geistlichen Mitglieder das Recht eines Tragaltares. Ausdrücklich wird hervorgehoben: Wer auch immer, egal welchen Ranges und Standes er sei, die Güter und die Besitztümer des Hospizes und der Bruderschaft antaste, sei eo ipso exkommuniziert. Die Originalbulle wird im Archiv des Campo Santo verwahrt.

Schon wenige Jahrzehnte nach ihrer Gründung fühlte sich die Bruderschaft stark genug, anstelle der alten Marienkirche einen Neubau zu wagen. Es spricht für das Selbstverständnis, aber auch für den Behauptungswillen gegenüber den mächtigen Nachbarn, einen für die damalige Zeit völlig neuen Kirchengrundriss zu wählen und sich einen namhaften Architekten zu leisten (s. unten »Kirche«). Allerdings wurde die Anfangseuphorie bald etwas gebremst, denn aus Geldmangel zog sich der Bau über 25 Jahre hin und konnte erst mit Hilfe von Ablassbriefen Papst Alexanders VI. zugunsten des Kirchenneubaus vollendet werden. Die Einweihung erfolgte am 8. Dezember 1500.

Die Bruderschaft erlebte über Jahrhunderte hin Zeiten der Blüte und Zeiten der Stagnation. Im Jahr 1579 erfolgte die Rangerhebung zur Erzbruderschaft und somit zur führenden Armen-Seelen-Bruderschaft. Damit verbunden war das Recht, sich jeweils neue Statuten zu erarbeiten. Außerdem stand sie jetzt unter dem Schutz eines Kardinalprotektors. Dies galt bis zum II. Vatikanischen Konzil.

Durch Erbschaften und Stiftungen gewann sie einen achtbaren Immobilienbesitz, dessen Erträge sie für ihre Aufgaben, auch im karitativen Bereich, einsetzte. Bis in die Mitte des 19. Jh. dienten ihre Räumlichkeiten am Campo Santo der Pilgerbetreuung, daneben unterhielt sie auch ein Haus für bedürftige Frauen, meist Witwen oder weibliche Angehörige von Bruder-

◁ Fragment des ältesten erhaltenen Grabsteins des Campo Santo und zugleich auch der einzige erhaltene eines Gründungsmitglieds der Bruderschaft aus dem Jahr 1464. Der Stein wurde bereits 1519 für eine andere Grabstätte wiederverwendet und nur deren Inschrift überliefert. Im Zuge der Neuverlegung des Kirchenfußbodens 1975 kam der Stein wieder zu Tage, die ursprüngliche Inschrift wurde 1983 entdeckt.

▽ Doppelseite: Originalbulle Papst Leos X. vom 22.10.1513 mit der Bestätigung aller bisher gewährten Privilegien der Bruderschaft, vor allem aber der Eigentümerschaft des Campo Santo Teutonico. Das traditionelle Bleisiegel mit den Köpfen von Petrus und Paulus auf der einen und dem Namen des Papstes auf der anderen Seite wird von einer purpurnen und goldgewirkten Schnur gehalten, ein Zeichen für die Gewährung einer päpstlichen Huld.

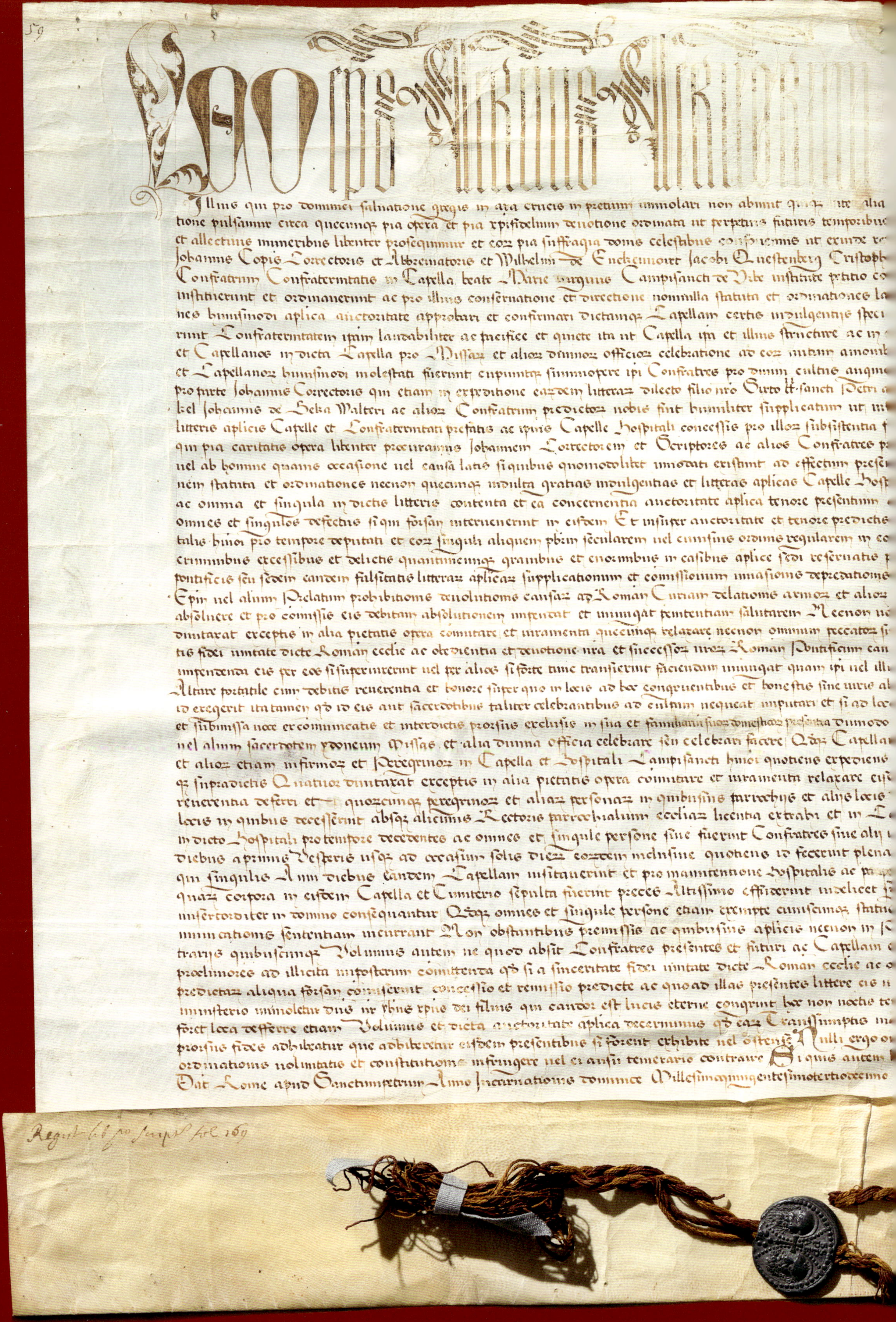

59

Leo eps servus servorum [dei]

Illius qui pro dominici salvatione gregis in ara crucis in pretium immolari non abnuit ... vice alia
tione pulsamur circa quecumque pia opera et pia xpifidelium devotione ordinata ut perpetuis futuris temporibus
et allectiue muneribus libenter prosequimur et eorum pia suffragia domus celestibus consequimus ut exinde re
Johannis Copis Correctoris et Abbreviatoris et Wilhelmi de Enckenvoirt Jacobi Questenberg Cristoph
Confratrum Confraternitatis in Capella beate Marie virginis Campisancti de Urbe institute pro ... co
instituerunt et ordinaverunt ac pro illius conservatione et directione nonnulla statuta et ordinationes la
nos huiusmodi aplica auctoritate approbari et confirmari dictamque Capellam certis indulgentiis speci
runt Confraternitatem ipsam laudabiliter ac pacifice et quiete ita ut Capella ipsa et illius structure ac in
et Capellanos in dicta Capella pro Missarum et aliorum divinorum officiorum celebratione ad eorum nutum amovib
et Capellanorum huiusmodi molestati fuerint cupiuntque summopere ipi Confratres pro divini cultus augme
pro parte Johannis Correctoris qui etiam in expeditione earumdem litterarum dilecto filio nro Sixto tt sancti Petri a
kel Johannis de Seka Walteri ac aliorum Confratrum predictorum nobis fuit humiliter supplicatum ut in
litteris aplicis Capelle et Confraternitati prefatis ac ipsius Capelle Hospitali concessis pro illorum subsistentia
qui pia caritatis opera libenter procuramus Johannem Correctorem et Scriptores ac alios Confratres p
vel ab homine quavis occasione vel causa latis si quibus quomodolibet innodati existunt ad effectum prese
nem statuta et ordinationes necnon quecumque indulta gratias indulgentias et litteras aplicas Capelle hosp
ac omnia et singula in dictis litteris contenta et ea concernentia auctoritate aplica tenore presentium
omnes et singulos defectus si qui forsan intervenerint in eisdem Et insuper auctoritate et tenore predictis
talis huiusmodi pro tempore deputati et eorum singuli aliquem pbrm secularem vel cuiusvis ordinis regularem in co
criminibus excessibus et delictis quantumcumque gravibus et enormibus in casibus aplice sedi reservatis
pontificis seu sedem eamdem falsitatis litterarum aplicarum supplicationum et commissionum invasionis depredationis
Epi vel alium Prelatum prohibitionis devolutionis causarum ad Roman Curiam delationis armorum et alior
absolvere et pro commissis eis debitam absolutionem impendat et iniungat penitentiam salutarem Necnon vo
dumtaxat exceptis in alia pietatis opera commutare et iuramenta quecumque relaxare necnon omnium peccatorum si
tis fidei unitate dicte Roman ecclie ac obedientia et devotione nra et successorum nrorum Roman Pontificum can
impendendi eis per eos si supervixerint vel per alios si forte tunc transierint faciendam iniungat quam ipi vel illi
Altare portatile cum debitis reverentia et honore super quo in locis ad hoc congruentibus et honestis sine iuris al
id exegerit ita tamen quod id eis aut sacerdotibus taliter celebrantibus ad culpam nequeat imputari et si ad loc
et submissa voce excommunicatis et interdictis prorsus exclusis in sua et familiarium suorum domesticorum presentia dummodo
vel alium sacerdotem ydoneum Missas et alia divina officia celebrare seu celebrari facere Quodque Capellar
et aliorum etiam infirmorum et Peregrinorum in Capella et Hospitali Campisancti huiusmodi quotiens expediens
quod supradictis Quatuor dumtaxat exceptis in alia pietatis opera commutare et iuramenta relaxare eius
reverentia deferri et quorumcumque peregrinorum et aliarum personarum in quibusvis parrochiis et aliis locis
locis in quibus decesserint absque alicuius Rectoris parrochialium ecclesiarum licentia extrahi et in
in dicto Hospitali pro tempore decedentes ac omnes et singule persone sive fuerint Confratres sive alii
diebus a primis Vesperis usque ad occasum solis dierum eorumdem inclusive quotiens id fecerint plena
qui singulis Anni diebus eamdem Capellam visitaverint et pro manutentione hospitalis ac pa
quarum corpora in eisdem Capella et Cimiterio sepulta fuerint preces Altissimo effuderint videlicet
misericorditer in domino consequantur Quodque omnes et singule persone etiam exempte cuiuscumque statu
municationis sententiam incurrant Non obstantibus premissis ac quibusvis aplicis necnon in
trariis quibuscumque Volumus autem ne quod absit Confratres presentes et futuri ac Capellam
procliviores ad illicita imposterum committenda quod si a sinceritate fidei unitate dicte Roman ecclie ac o
predictarum aliqua forsan commiserint concessio et remissio predicte ac quoad illas presentes littere eis
ministerio immoletur dns nr Ihus xpus dei filius qui candor est lucis eterne congruit hoc non vectis te
foret loca defferre etiam Volumus et dicta auctoritate aplica decernimus quod earum transumptis ma
prorsus fides adhibeatur que adhiberetur eisdem presentibus si forent exhibite vel ostense Nulli ergo o
ordinationis voluntatis et constitutionis infringere vel ei ausu temerario contraire Si quis autem
Dat Rome apud Sanctumpetrum Anno Incarnationis dominice Millesimoquingentesimotertiodecimo

Regist. ... fol 159

[illegible]

[illegible] caritatis exerceri precepit vices licet immeriti gerentes in terris curis urgeimur assiduis et continua medita
in [illegible] intendere et ut ad premissa xpifidelium vota facilius concurrant fideles ipos quibusdam spiritualibus
gratiis aptiores ac caritatis devotio indies peramplius in eis augeatur Sane pro parte dilectorum filiorum Magrorum
[illegible] Jugenlbinkel Johannis de Beka et Walteri etiam Popis Scriptorum litterarum aplicarum ac Universorum aliorum
Quadraginta vel Quinquaginta Annis citra nonnulli laici xpifideles pie ducti Confraternitatem predictam
[illegible] ac sacris Canonibus non contraria ediderunt necnon institutionem Confraternitatis ac statuta et ordinatio
et peccatorum transgressionibus decorari obtinuerint et extunc Confratres dicte Confraternitatis qui pro tempore fue
[illegible] cultus et Confraternitas huiusmodi non modicum susceperunt incrementum rexerunt et gubernarunt ac pbros
[illegible] superioris licentia hactenus deputarunt nec ab aliquo super regimine Confraternitatis ac deputatione pbrorum
[illegible] Capellam et Confraternitatem huiusmodi laudabiliter prout hactenus fecerunt regere et gubernare Quare
Cardinali sancte Roman ecclie Vicecancellario assistit necnon Wilhelmi Jacobi Cristophori Johannis Jugenlbin
fraternitatis et statutis ac ordinationibus predictis necnon omnibus et singulis gratiis indulgentiis indultis et
aplice confirmationis adiicere aliasque in premissis oportune providere de benignitate aplica dignaremur Nos igitur
singulos a quibusuis excommunicationis suspensionis et interdicti aliisque ecclesiasticis sententiis censuris et penis auct
[illegible] consequendum harum serie absolventes et absolutos fore censentes huiusmodi supplicationibus inclinati institutio
[illegible] Confraternitati huiusmodi per predecessores nros successiue concessa necnon translationes conventiones et transactiones
innovamus et confirmamus illaque omnia et singula perpetuo et inviolabiliter observari debere decernimus supplentes
ordinamus quod omnes et singuli utriusque sexus Confratres presentes et futuri ac Capellani et servitores Capelle et Hospi
[illegible] quilibet eorum possit eligere Confessorem qui vita eis comite eos et singulos eorum ab omnibus et singulis peccatis sine
[illegible] ecclesiastice libertatis criminum heresis et rebellionis aut conspirationis in personam vel statum Roman
aut devastationis terrarum et Maris Roman ecclie huiusmodi mediate vel immediate subiectorum offense personalis in
[illegible] infidelium semel duntaxat in vita in aliis vero quotiens fuerit oportunum confessionibus eorum diligenter auditis
Ultramarini Liminum Aplorum Petri et Pauli ac sancti Jacobi in Compostella necnon Castitatis et Religionis votis
corde contriti et ore confessi fuerint etiam semel in vita et in mortis articulo plenariam remissionem eis in sincerita
[illegible] persistentibus auctoritate prefata concedere possit Sic tamen quod idem Confessor de hiis de quibus fuerit alteri satisfactio
[illegible] Liceatque eisdem Confratribus qui Prelati aut pbri fuerint ac etiam Capellanis prefatis et eorum singulis habere
etiam antequam illucescat dies circa tamen diurnam lucem cum qualitas negociorum pro tempore ingruentium
interdicto ordinaria auctoritate supposita eos declinare contigerit in illis clausis ianuis non pulsatis Campanis
[illegible] non dederint interdicto nec id eis aut illis contigerit specialiter interdici possint per se ipos aut per proprium
[illegible] Confraternitatis huiusmodi pro tempore existentes omnium et singulorum utriusque sexus Confratrum dicte Confraternitatis
[illegible] diligenter audire ac eis et eorum singulis pro commissis penitentiam salutarem iniungere necnon vota quecum
[illegible] Eucharistiam et alia sacramenta ecclesiastica ministrare et illa ad domum habitationum suarum cum debita
[illegible] pro tempore decedentium et eorum sepulturas in dicta Capella seu illius Cimiterio eligentium Corpora a dominus et
Cimiterio huiusmodi sepeliri facere libere et licite valeant Et insuper quod omnes et singuli utriusque sexus xpifideles
[illegible] et confessi qui Capellam ipam in festis Conceptionis beate Marie virginis et Commemorationis Defunctorum
[illegible] peccatorum suorum de quibus corde contriti et ore confessi fuerint indulgentiam et remissionem Necnon
[illegible] personarum inibi pro tempore degentium subventione manus adiutrices porrexerint ac pro salute animarum
[illegible] Ducentos et non festiuis diebus Centum Annos et totidem Quadragenas de iniunctis eis penitentiis
[illegible] conditionis vel preeminentie fuerint bona et res Hospitalis et Confraternitatis predictorum seu occupantes eo ipo ex co
[illegible] et Sinodalibus Conciliis editis generalibus vel specialibus Constitutionibus et ordinationibus ceterisque con
[illegible] pro tempore deputati Hospitalis huiusmodi propter huiusmodi gratiam vel concessionem eligendi Confessorem reddantur
devotione nra vel successorum nrorum canonice intrantium destiterint aut ex confidentia concessionis vel remissionis
[illegible] fragentur Quodque indulto celebrandi seu celebrari faciendi ante diem parce utantur quia cum in Altaris
[illegible] in luce Ceterum quia difficile foret presentes litteras ad singula queque in quibus de eis fides forsan facienda
publica subscriptis et Sigillo alicuius Prelati ecclesiastici muniti in iudicio et alibi ubi opus fuerit eadem
[illegible] liceat hanc paginam nre absolutionis approbationis innovationis confirmationis decreti supplectionis statuti
[illegible] presumpserit indignationem omnipotentis dei ac beatorum Petri et Pauli Aplorum eius se noverit incursurum
Undecimo Kl Novembr Pontificatus nri Anno Primo

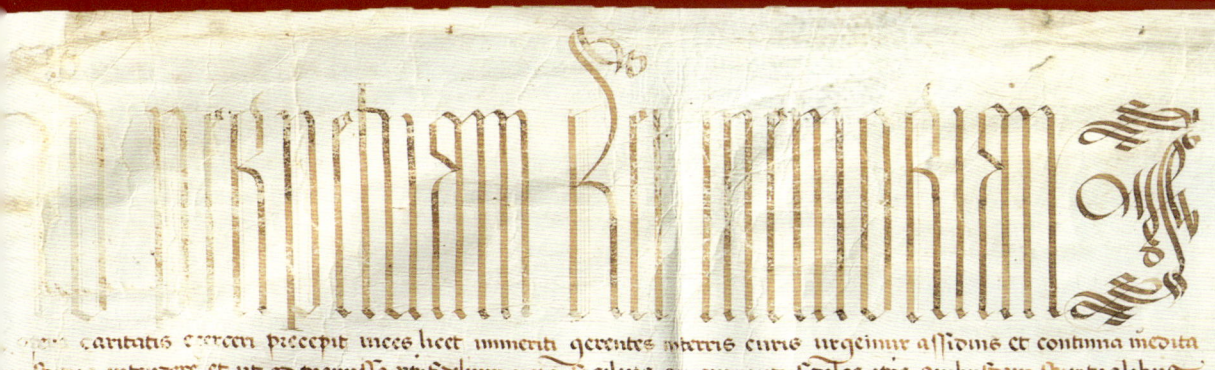

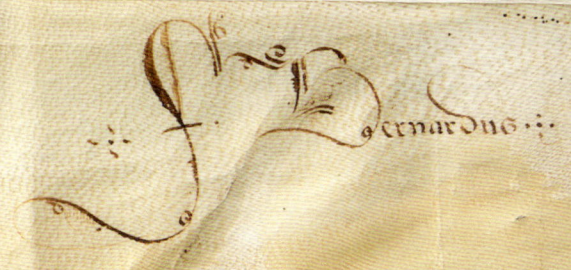

Bernardus

schaftsmitgliedern, die hier eine Bleibe und Versorgung fanden.

In jedem Jahrhundert wurden neue Akzente gesetzt, sei es durch Errichtung von Kapellen oder Altarstiftungen, sei es durch die Einführung neuer religiöser Übungen und Bräuche: Am Ende des 15. und Anfang des 16. Jh. standen die Wiedereinrichtung von Kirche und Pilgerhospiz, im 17. Jh. wurde eine Kapelle zum Schutz des altehrwürdigen Hochkreuzes in der Mitte des Friedhofs errichtet, die bald zur bevorzugten Grablege avancierte, im gleichen Jahrhundert stiftete der Schustermeister Johann Schmidt ein Oratorium an der Südseite des Friedhofs (nach Umbauten im 19. Jh. durch den Kollegsneubau im 20. Jh. ersetzt). Im 18. Jh. erfolgte die Errichtung der Kreuzwegstationen und im 19. Jh. wurde der Friedhof komplett umgestaltet und mit würdigen Grabdenkmälern verschönert.

Das religiöse Leben war ausgeprägt, die gegenseitige Unterstützung wurde institutionalisiert. Dank der Erträge aus dem Immobilienbesitz und der Stiftungen konnte die Bruderschaft auch ihre bedürftigen Mitglieder materiell unterstützen. Eine besondere Form spielte dabei die sog. Dote, mittels der z. B. den Töchtern oder Schwestern von Bruderschaftsmitgliedern bei Verheiratung oder Eintritt in ein Kloster eine Mitgift bezahlt werden konnte. Die Anwartschaft darauf erfolgte mittels einer Punktation, die sich an der regelmäßigen Teilnahme der Angehörigen an den Bruderschaftsgottesdiensten bemaß.

Gemeinschaftsstiftend war auch die jährliche 4- bzw. 7-Kirchen-Wallfahrt, die für alle Beteiligten ein großes Fest war, gab es doch bei der mittäglichen Rast auf Kosten der Bruderschaft reichlich zu essen und zu trinken. Wiederholte Exzesse und Disziplinlosigkeit in diesem Kontext führten schließlich zu ihrer Abschaffung. Die Einrichtung der Kreuzwegandachten im 18. Jh. brachte eine weitere Erneuerung der religiösen Praxis. Die Kreuzwegandachten werden bis heute für die lebenden und die verstorbenen Mitglieder der Erzbruderschaft durchgeführt.

Die Bruderschaft hat sich von Anfang an in der Tradition der Frankenschola gesehen und dies in verschiedenen Dokumenten immer wieder betont. Eine besondere Rolle spielte dabei ihre landsmannschaftliche Verfasstheit. Streng wurde darauf geachtet, dass der Bruderschaftsgeistliche ausreichend der deutschen Sprache mächtig war, dies wurde über die Jahrhunderte hin immer wieder eingefordert. Das älteste erhaltene Statut, das in deutscher und lateinischer Sprache aus den 60er Jahren des 15. Jh. erhalten ist, spricht bei der Mitgliedschaft ausdrücklich von Männern und Frauen »deutscher Zunge«. Auf die deutsche Herkunft bis zur dritten Generation wurde großer Wert gelegt, und selbst um die Wende des 18. zum 19. Jh., als die Führungsämter in den Händen der immer gleichen, stark italianisierten Familien lagen, wurde auf den deutschen Stammbaum verwiesen. Gerade bei der Verteilung der materiellen Güter spielte dies eine Rolle und mündete z.T. in erbitterte Streitigkeiten, die bis vor Gericht ausgetragen wurden und schließlich zum Ausschluss von Mitgliedern aus nichtdeutschen oder sogar flämischen Provinzen bei der Ausschüttung der Benefizien führten. Gerade Letzteres ist verwunderlich, da das niederländisch-flämische Element in der Bruderschaft von alters her einen großen Anteil hat und über einen langen Zeitraum sich sogar in der Leitung ein flämisch-niederdeutscher und ein oberdeutscher Amtsträger abwechselten. Noch heute trägt die Gemeinschaft den offiziellen Namen: Erzbruderschaft zur Schmerzhaften Mutter Gottes der Deutschen und Flamen.

Während bis ins ausgehende 16. Jh. die Protokolle der Bruderschaftsversammlungen in lateinischer Sprache verfasst wurden, war bis in die erste Hälfte des 19. Jh. die italienische Sprache vorherrschend. Mit der Statutenerneuerung 1846/47 wurde der landsmannschaftliche Charakter wieder stärker betont und Deutsch zur offiziellen Amtssprache der Bruderschaft erklärt. Dies gilt bis heute.

Die Bruderschaft brachte ihre Verbundenheit mit dem Heiligen Römischen Reich deutscher Nation auch äußerlich zur Geltung, indem sie mehr und mehr das kaiserliche Signet, den Doppeladler, auf ihren Fahnen und Geräten anbrachte, der schließlich auch Bestandteil des Wappens der Bruderschaft wurde.

▷ Erste Seite des ältesten erhaltenen Statutenbuches der Bruderschaft, vermutlich aus den Jahren um 1462–1465. Es ist in Deutsch und Latein abgefasst und wird von einer schlichten Schnur zusammengehalten. Das Originaldeckblatt fehlt.

Hie hebend sich an die Statuta vnd
Capitula der Bruderschafft des gotzakers

In dem Namen der hailigen dryfaltikait 1
vatters vnd suns vnd des hailigen gaistes
vnd in der Ere des liden gottes vnd mit
lidung vnser lieben frowen siner lieben
mutter vnd zu hayle aller glaubigen
selen sunderliche der lichnam in dem
gottes acker zu Rom begraben sind vnd
vor hien begraben sollen werden vnd zu
trost vnd ere der Bruderschafft des selben
gotzackers bayderlay man vnd frawen
von Tutschen zungen des obgemelten got
tes vnd syner mutter diener vnd dienerin
die iren namen vnd zunamen hand lassen
schreiben in daß Buch der Bruderschafft
zu ewiger gedechtniß vnd zumerung
gottes dienst vnd der Bruderschafft zu trost
vnd hilff aller glaubigen selen, hadt die
obgenant Bruderschafft diesse nach geschri
ben satzung vnd ordnung gemacht

Dazu gehört auch das **Eisenkreuz mit dem Doppeladler,** das 1761 auf das Dach des Oratoriums gesetzt wurde und heute die höchste Stelle des Campo Santo einnimmt. Als die Bruderschaft durch die Erhebung zur Erzbruderschaft im Jahr 1579 auch einen Kardinalprotektor erhielt, war dies oft zugleich der Protektor bzw. Vizeprotektor des Heiligen Römischen Reiches deutscher Nation, also des Vertreters vor Ort der kaiserlichen Interessen bzw. des Reiches (im Statut von 1683 förmlich erbeten). Dem Kaiser selbst wuchs so die Rolle eines Protektors zu, die nach dem Untergang des alten Reichs 1806 auf den österreichischen Kaiser überging (bis 1918). Jedoch legte die Bruderschaft stets großen Wert auf ihre Unabhängigkeit, nahm den Schutz gerne in Anspruch, aber sah sich keiner Botschaft unterstellt. Die Nachfolge des kaiserlichen Protektorats nehmen heute in gewisser Weise die Regierungen Deutschlands und Österreichs wahr, deren jeweilige Botschafter beim Heiligen Stuhl als »geborene Mitglieder« dem Verwaltungsrat der Erzbruderschaft angehören.

Das Wappen der Erzbruderschaft, in seiner heutigen Form vermutlich erst aus dem 19. Jh. stammend, besteht aus einem Wappenschild mit dem Motiv einer Pietà vor dem gekrönten Doppeladler, umgeben von der lateinischen Umschrift *Archiconfraternitas S. Mariae Campi Sancti Teutonicorum*. Es ist auf dem Sacco, dem schwarzen Bruderschaftsgewand der Brüder aufgenäht und auf der Medaille der Schwestern abgebildet. Das Gewand selbst, eine schlichte schwarze Kutte, die von einer schwarzen Kordel zusammengehalten wird, mit angenähter Kapuze und zwei ovalen Sehschlitzen und dem weißen Beffchen an der Halspartie, geht auf die mittelalterlichen Bruderschaftsgewänder zurück. Mit einem schlichten, einheitlichen Gewand und mit der Kapuze, die den Träger und seinen gesellschaftlichen Stand verbarg, sollte der Gleichheitsgedanke aller Bruderschaftsmitglieder unabhängig von ihrer sozialen Stellung unterstrichen werden. Das Gewand aus schwarzem Stoff ist seit dem ausgehenden 17. Jh. als »Sacco« in den Akten belegt. Eine **Marmortafel** von der ehemaligen Friedhofskapelle, die zum Schutz des verehrten Hochkreuzes in der Mitte des Friedhofs im 17. Jh. angelegt worden war und später abgerissen wurde, zeigt Bruderschaftsmitglieder im traditionellen Gewand. Die Tafel hängt an der Außenseite der heutigen Friedhofskapelle.

In den 70er Jahren des 19. Jh. wurde die bisherige Ordnung radikal geändert. Standen bis dahin von der Generalversammlung aller Bruderschaftsmitglieder gewählte Vertreter mit dem Camerlengo als höchster Dignität an der Spitze der Bruderschaft, die auch den Bruderschaftsgeistlichen ernennen und entlassen konnte, wurde nun ein Priester als Rektor an die Spitze der Bruderschaft gestellt, der nicht mehr von den Mitgliedern gewählt, sondern von hohen Würdenträgern aus Deutschland und Österreich berufen und vom Vatikan approbiert wurde.

Das aktuelle Statut sieht neben dem Rektor als Leiter der Gemeinschaft einen gewählten Vorstand mit dem Camerlengo als höchstem Laienamt an der Spitze vor, die zusammen im Auftrag der Generalversammlung für alle Aufgaben und Belange der Bruderschaft zuständig sind. Die Vorstandsmitglieder (Camerlengo, Vize-Camerlengo, Sekretär und drei Räte) werden von der jährlich stattfindenden Generalversammlung alle drei Jahre gewählt. Der Rektor der Erzbruderschaft ist zugleich der Rektor des Priesterkollegs und *rector ecclesiae* der Bruderschaftskirche. Er wird auf Vorschlag des Vorsitzenden der Deutschen Bischofskonferenz nach Absprache mit dem Vorsitzenden der Österreichischen Bischofskonferenz und dem Vorstand der

◁ Feierliche Aufnahme der Novizen in der Vigilfeier am Vorabend des Patronatsfestes.

▷ links: Einzug der Brüder zum Festgottesdienst.

▷ rechts: Gewänder (Sacco) für die neuen Brüder und Medaillen für die neuen Schwestern der Erzbruderschaft.

◁ Übergabe der Statuten der Erzbruderschaft an die Novizen durch den Rektor und den Camerlengo.

▷ links: Übergabe des Bruderschaftsgewandes (Sacco) an das neue Mitglied durch den Rektor.

▷ rechts: Ankleidung des Sacco durch Mitglieder des Vorstands und Mitbrüder.

◁ Gruppenbild nach der Aufnahme der Novizen mit Rektor und Camerlengo.

▷ links: Übergabe der Bruderschaftsmedaille an die neuen weiblichen Mitglieder durch den Vizecamerlengo.

▷ Rechts: Übergabe der Aufnahmeurkunde durch den Camerlengo.

Erzbruderschaft vom Generalvikar Seiner Heiligkeit für die Vatikanstadt im Einvernehmen mit dem Dikasterium für die Glaubenslehre und dem Dikasterium für den Klerus ernannt. Seine Amtszeit beträgt sechs Jahre, eine Verlängerung ist möglich.

Über das Vermögen der Bruderschaft wacht der Verwaltungsrat, dem alle Mitglieder des Vorstands angehören, außerdem die jeweiligen Botschafter der Bundesrepublik Deutschland und der Republik Österreich beim Heiligen Stuhl und der Rektor von San Giuliano dei Fiamminghi (Flamen) in Rom.

Das Leben eines Bruderschaftsmitglieds in der Gemeinschaft beginnt mit seiner feierlichen Aufnahme am Patronatsfest der Bruderschaft, am Hochfest der »ohne Erbsünde empfangenen Mutter Gottes« am 8. Dezember eines jeden Jahres. Davor liegt ein einjähriges Noviziat. Über die Aufnahme entscheidet die Generalversammlung der Bruderschaft. Die Aufnahme in das Noviziat erfolgt in einer feierlichen Vigil am Vorabend des Patronatsfestes. Mindestens einmal im Monat treffen sich die Mitglieder zur sog. Bruderschaftsmesse.

△ Gruppenbild der neuen Mitglieder mit Aufnahmeurkunden zwischen den Mitgliedern des Vorstands.

▷ Palmprozession über den Friedhof zum Einzug in die Kirche am Palmsonntag.

▽ Seite 40 oben: Kreuzweg auf dem Friedhof.

▽ Seite 40 unten und 41: Fronleichnamsprozession hinauf zur Lourdes-Grotte in den Vatikanischen Gärten unter Teilnahme von Musikgruppen und Gläubigen aus dem ganzen deutschen Sprachraum und Abschlusssegen vor dem Campo Santo.

ANTONIA AMERLING
KAURNTHALER
WIEN
1805 – 1863

Herausragende Bruderschaftstermine sind das Patrozinium der Kirche Santa Maria della Pietà am Fest Mariä Schmerzen am 15. September, das Allerheiligenfest am 1. November, das Patrozinium der Erzbruderschaft an Mariä Empfängnis am 8. Dezember, Weihnachten und der Lichtmesstag am 2. Februar, der Aschermittwoch und alle Fastensonntage mit der Betrachtung des Kreuzweges. Die Andacht des Kreuzweges entlang den 14 Gebetsstationen ist für die Teilnehmer an diesem, durch die Erde aus Jerusalem »geheiligtem Feld – Campo Santo« und in Erinnerung an die Ersten Märtyrer der Stadt Rom, von besonderer Bedeutung.

Der Passionssonntag (Sonntag vor Palmsonntag) wird von Kolleg und Bruderschaft als Wallfahrtstag begangen, während sich traditionell am Dreifaltigkeitssonntag (Sonntag nach Pfingsten) die Mitglieder und Freunde aller Institutionen am Campo Santo zu einem Ausflug auf den Weg machen. Seit einigen Jahren wird dieser Ausflug auf das Wochenende nach Fronleichnam verlegt, das neben dem »Novizentag«, dem genannten Ausflug und der Fronleichnamsprozession einen weiteren Höhepunkt im Bruderschaftsleben darstellt, zu dem zahlreiche Bruderschaftsmitglieder aus Deutschland, Österreich und der Schweiz anreisen. Mit einem

△ Beerdigung eines Bruderschaftsmitgliedes in traditioneller Weise in Sargbestattung.

Festgottesdienst und der Fronleichnamsprozession durch die Vatikanischen Gärten wird das liturgische Jahr gekrönt. Musik und Gesangsgruppen sichern sich oft schon Jahre zuvor eine aktive Beteiligung an den Feierlichkeiten. Schweizer Gardisten übernehmen den Ehrendienst als Baldachinträger. Der Campo Santo im Vatikan ist v. a. für die deutschsprachigen Pilger und Touristen ein spiritueller Anziehungspunkt.

Neben der Pflege des muttersprachlichen Gottesdienstes, des christlichen Totengedenkens und des fürsorglichen Umgangs untereinander gehört auch die Sorge um den Friedhof. Durch persönliches Engagement einiger weiblicher Mitglieder wurde vor einigen Jahren die sog. Friedhofsinitiative gegründet, die sich mehrmals im Jahr um die Pflege des Friedhofs kümmert, verbunden mit einer geistlichen Andacht und in Erinnerung rufen von bekannten und weniger bekannten Personen, die auf dem Friedhof ruhen.

Die Gastfreundschaft für Pilger und Besuchergruppen, akademische Angebote, wissenschaftliche und kulturelle Vorträge, Ausstellungen, Diskussionsrunden und weitere Aktivitäten sind fester Bestandteil dieses einzigartigen Ortes europäisch-deutscher Geschichte.

△ Urnenbeisetzung eines deutschen Obdachlosen in der Pilgergruft.

DIE KIRCHE

Die Kirche des Campo Santo Teutonico ist von außen als solche nicht leicht zu erkennen, da sie fast vollständig in den Komplex der Kollegsgebäude integriert ist, deren östlichen Abschluss sie bildet. Die Kirche ist der Schmerzhaften Muttergottes, S. Maria della Pietà, geweiht. Sie ersetzt die bereits erwähnte ältere Marienkirche, die, seitlich etwas nach Westen versetzt, vor dem Haupteingang der heutigen Kirche lag. Die Beziehung der weiter entfernt liegenden Salvatorkirche der ehemaligen Frankenschola (heutiges Oratorio di S. Pietro neben dem Palast der Glaubenskongregation) zu der Marienkirche des Campo Santo ist noch nicht geklärt. Auch ist nicht bekannt, wann die Marienkirche auf dem Gelände des Campo Santo errichtet wurde, die schon Anfang des 15. Jh. in Ruinen lag. Die Wiederherstellung der Kirche unter Friedrich Frid vor der Mitte des 15. Jh. konnte den Bedürfnissen der inzwischen gegründeten Bruderschaft offensichtlich nicht mehr genügen, denn vermutlich für das Heilige Jahr 1475 hatte sie sich zu einem kompletten Neubau entschlossen. Die Baumaßnahmen zogen sich, nicht zuletzt wegen Geldmangels, mehr als 25 Jahre hin. Erst 1500 konnte die Kirche nach Abriss des vernachlässigten Vorgängerbaus, der den Neubau an der Westseite behinderte, vollendet werden. Die Weihe fand am Hauptfest der Bruderschaft, am 8. Dezember 1500, statt.

◁ Blick nach Süden mit der Hauptapsis und den beiden Nebenkapellen, links die sog. Schweizerkapelle, rechts die ehemalige Sakramentskapelle, die heute nicht mehr zum Gottesdienst benutzt wird.

ARCHITEKTUR

Die architektonische Bedeutung und die innovative Grundrisslösung lassen sich nicht auf den ersten Blick erkennen. Die Kirche erhebt sich auf einer annähernd quadratischen Grundfläche mit eingeschriebenem Kreuz und ist somit der erste Zentralbautypus in Rom seit der Antike, älter als das Zentralbauschema Bramantes von Neu-St. Peter. An der Südseite springt die Hauptapsis, an der Nordseite eine zweite Apsis, innen polygonal, außen gerundet, vor. Da die polygonalen Innenwände der Hauptapsis stärker in den Chorraum gezogen sind, ergibt sich eine größere Rundung als an der Nordseite. Vier Pfeiler teilen die Grundfläche in acht unterschiedlich große Felder, die sich um die zentrale Vierung gruppieren. Durch die vier niedrigen Eckräume wird die Raumwirkung eines dem Quadrat eingeschriebenen Kreuzes zwar noch hervorgehoben, durch die Schließung der Chorwände im Süden, die den Eindruck von Kapellen entstehen lässt, aber wieder gemindert. Auch wird durch die vorspringenden zwei Apsiden im Süden und im Norden die gleichmäßige Form des griechischen Kreuzes nicht ganz erreicht, was die ursprüngliche Zentralbauidee etwas verschleiert. Ob zwei weitere Apsiden an der Ost- und Westseite geplant waren und möglicherweise wegen topographischer Hindernisse oder Geldmangels nicht zur Ausführung kamen, lässt sich nicht entscheiden. Alle neun Joche sind mit einem Kreuzgratgewölbe geschlossen.

Die Kirche besaß ursprünglich an allen vier Seiten Biforienfenster. An der Süd- und Nordseite sind mit Ausnahme der Apsiden die Fenster außen vermauert, innen aber ist noch das Maßwerk zu sehen. An der Ost- und Westseite sitzen je vier Fenster (Maßwerk an der Ostseite modern rekonstruiert). Im 17. Jh. wurden die Fensterlaibungen vergrößert und später wieder zugemauert (vgl. Ost- und Südwand).

Der Hauptzugang erfolgt von der Westseite, wo sich ein ursprüngliches Türgewände befindet, eine

◁ Blick in den zentralen Mittelteil des Kirchengewölbes. Der Zentralbaugedanke des Bauwerks kommt hier gut zum Ausdruck.

weitere Tür sitzt parallel dazu an der Ostseite. Dekorative Elemente wie Kapitelle und Gesimsbänder aus Travertin wurden sparsam verwendet. Insgesamt ist die Bauausführung eher nachlässig, wie vor allem bei den Ziegelbändern der Gewölbegürtel zu sehen ist.

Dies steht im klaren Gegensatz zu der außergewöhnlichen Form der Kirche, für die es in der römischen Architektur des ausgehenden Quattrocento keine Parallelen gibt. Erst mit Bramantes St.-Peter-Plan ca. 30 Jahre später wird das Grundrissschema neu aufgegriffen. Der deutsche Architekturhistoriker Andreas Tönnesmann sah im Planmaterial Filaretes für die Kirche des Ospedale Maggiore in Mailand ein gewisses Vorbild, doch reicht seiner Meinung nach der Vergleich mit Filarete nicht aus, um zwei Charakteristika der Campo Santo-Kirche zu erklären: die Apsiden und den Verzicht auf die zentrale Kuppel; auch hat der Neun-Zellen-Grundriss mit durchgehenden Kreuzgewölben in der italienischen Renaissancearchitektur keine Entsprechung.

Typologisch eng verwandt mit der Campo Santo-Kirche, doch historisch und geographisch etwas entlegen, ist die ehemalige Marienkirche auf dem Harlunger Berg bei Brandenburg aus der ersten Hälfte des 13. Jh. Sowohl Grundriss wie spezifische Merkmale stimmen z. T. so genau überein, dass ihr Grundriss, so Tönnesmann, in Rom bekannt gewesen sein muss. »Der Entwurf verbindet den importierten Kirchentyp mit einer Formensprache, die in allen Einzelheiten von lokalen Voraussetzungen ausgeht: Schlichtheit des Materials, Verknappung des Dekors, Interesse für Wand- und Pfeilerbau, Vorrang räumlicher Qualitäten« (Tönnesmann, 35). Eine Kirche, die einerseits in ihrem Bautyp in der zeitgenössischen römischen Architektur völlig isoliert dasteht, andererseits neue lokale Strömungen berücksichtigt, kann nicht von einem gewöhnlichen Architekten, schon gar nicht von den namentlich bekannten Handwerksmeistern, die den Bau ausführten, entworfen worden sein, sondern nur von einem Meister seines Faches, der auf der Höhe seiner Zeit war. Nach Tönnesmann kommt dafür am ehesten der Architekt Sixtus' IV. in Frage, Giovanni di Pietro dei Dolci, der die Sixtinische Kapelle und vermutlich auch das Hospital von S. Spirito entworfen hat.

Einen solchen Architekten zu beauftragen, spiegelt etwas vom Selbstbewusstsein der Bruderschaft vor Baubeginn und den Behauptungswillen gegenüber dem weit größeren und mächtigeren Hospital von S. Spirito wider, mit dem die Bruderschaft sich zur Bauzeit der Kirche in schweren Auseinandersetzungen um die Zuständigkeit für den Campo Santo befand, was vielleicht auch die Wahl des Bautyps beeinflusst hat.

△ Südapsis der Kirche von der ehemaligen Via Teutonica aus.

◁ Blick in die Nordapsis der Kirche. Seit 2013 steht hier die Statue »Christus an der Geißelsäule«, die ursprünglich in der Friedhofskapelle (Geißelkapelle), seit 1975 auf dem Friedhof stand. Die Statue stammt von Raffaele Zaccagnini (1895).

AUSSTATTUNG

Die Kirche erfuhr in ihrer 500-jährigen Geschichte mehrere Erneuerungen, die an der Bausubstanz jedoch kaum Veränderungen mit sich brachten. Wände und Pfeiler waren ursprünglich verputzt. Noch im 16. Jh. erhielt die linke Seitenkapelle einen Teil ihrer Freskoausstattung, die im 18. Jh. vollendet wurde. Weitere Wandmalereien wurden im 17. Jh. im Chorraum, im 18. Jh. vor der rechten Seitenkapelle angebracht. Erst Ende des 19. Jh. wurde die übrige Kirche mit einer historisierenden spätnazarenischen Malerei versehen. Von den ursprünglichen Altären ist mit Ausnahme des Altarretabels im Chor und dem Altar in der linken Seitenkapelle keiner erhalten. Der Boden der Kirche, im Laufe der Jahrhunderte von zahlreichen Grabplatten bedeckt, wurde mehrmals erneuert und in seiner Zusammensetzung verändert. Umfangreiche Restaurierungsmaßnahmen in den Jahren 1971–1975 beseitigten u.a. den barocken Hochaltar aus Marmor (1705), die Wandgemälde des 18. und 19. Jh., farbige Glasfenster des 19. Jh. und die Grabplatten des Fußbodens, die seither zum Teil an den Wänden der Kirche und auf dem Friedhof aufbewahrt werden.

Einige wertvolle Ausstattungsstücke wurden an ihrem ursprünglichen Anbringungsort belassen bzw. in den renovierten Sakralraum neu integriert. Dazu zählt das fünfteilige Altarretabel, das zum ersten Hochaltar gehört und jetzt wieder im Chor aufgestellt ist. Das Mittelbild verbindet das Motiv einer Beweinung Christi mit dem Motiv der Grablegung, wobei das zentrale Vesperbild, die Pietà, besonders hervorgehoben wird. Links schließen sich Johannes der Täufer und der Apostel Petrus an, außen die Begegnung Joachims mit Anna vor der Goldenen Pforte, rechts folgen die Apostel Jakobus d. Ä. und Paulus, außen das Motiv der Anna selbdritt mit Anna, Maria und dem Jesuskind. Die Tafeln bildeten ursprünglich einen Flügelaltar, der geöffnet das Mittelbild und die Apostel mit Johannes dem Täufer, geschlossen die Begegnung an der Goldenen Pforte und Anna selbdritt zeigte. Die Ikonographie ist ganz vom Auftraggeber bestimmt. Die Pietà nimmt Bezug auf den Namen der Kirche und der Bruderschaft, die Grablegung auf eine ihrer wesentlichen Aufgaben; Jakobus ist Hauptpatron der Pilger, Johannes der Täufer gehört von alters her zur Passionsdarstellung, und Petrus und Paulus sind die Patrone der Stadt Rom. Die Begegnung an der Goldenen Pforte und die Anna selbdritt gelten seit dem ausgehenden Mittelalter als Sinnbild der Unbefleckten Empfängnis Mariens, welche die Bruderschaft am 8. Dezember als Hauptfest begeht. Das Altarretabel wurde 1502 geliefert und mit 250 Dukaten bezahlt. Der Künstler ist unbekannt. Ältere Zuschreibungen an Macrino d'Alba sind nach den neuesten Untersuchungen auszuschließen, ebenso die Annahme mehrerer Künstler. Nach der in Rom lebenden Kunsthistorikerin Ursula V. Fischer Pace könnte der Meister des Altares von niederländischer Herkunft sein, der, gleichermaßen mit der nordischen und italienischen Kunst vertraut, im Flügelaltar beide Traditionen verbindet.

Über dem Zelebrationsaltar hängt ein fast lebensgroßer Kruzifixus an einem modernen Holzkreuz, der bereits früher in der Chorwölbung, später an einem eigenen Altar, seit dem 19. Jh. aber an einem Pfeiler angebracht war. Auch bei ihm ist nordischer Einfluss unverkennbar. Er wird heute dem Anfang des 16. Jh. zugerechnet.

Ein weiterer Holzkruzifixus wird in der Sakristei aufbewahrt. Seine stark verwitterte Oberfläche zeigt, dass er längere Zeit im Freien gestanden hat. Er befand sich ursprünglich als Hochkreuz in der Mitte des Friedhofs, wo er von den Gläubigen als »wundertätiges Kreuz« sehr verehrt wurde. Im 17. Jh. wurde zu seinem Schutz eine Kapelle errichtet, die rasch zu einer bevorzugten Grablege avancierte. Der Heilige Papst Pius V. soll vor dem Kruzifixus gebetet haben. Im 18. Jh. wurde das »wundertätige« Kreuz in die neu hergerichtete Friedhofskapelle übertragen. Seit der letzten Restaurierung befindet es sich am heutigen Ort. Es ist vermutlich etwas älter als das Kreuz im Chor der Kirche.

◁ Chorraum mit dem ehemaligen Flügelaltar in neuer Aufstellung. Die Fenster stammen von Georg Meistermann. Gottesdienst mit Kardinal Kurt Koch.

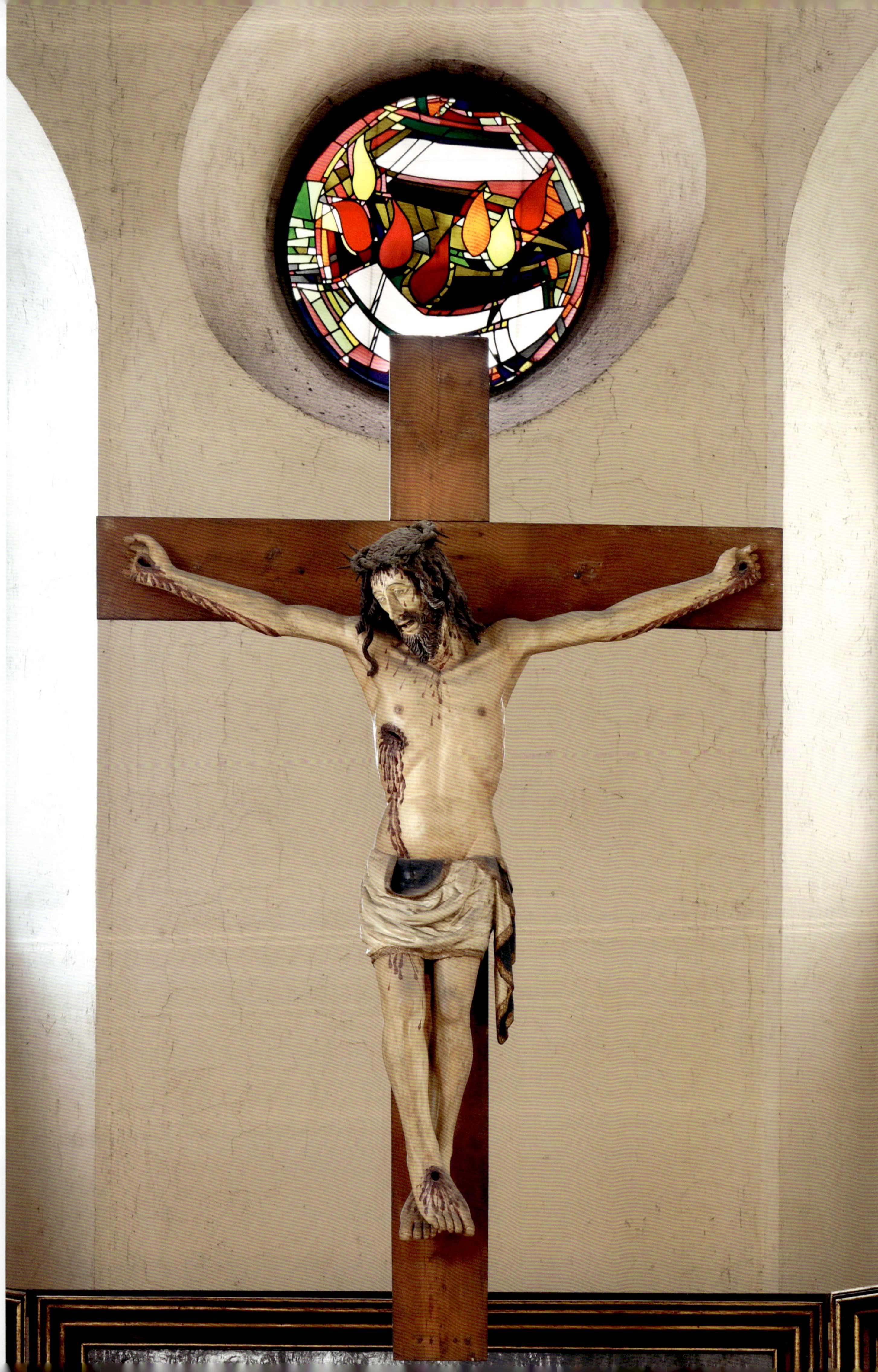

Der moderne Zelebrationsaltar zeigt als Antependium eine dem späten 8. oder frühen 9. Jh. angehörende frühmittelalterliche Schrankenplatte, die vor allem wegen ihrer Größe und Unversehrtheit unter den in Rom erhaltenen Stücken dieser Art herausragt. Sie wurde bei der letzten Restaurierung kehrseitig im Fußboden gefunden; ihre Rückseite trägt angeblich eine Grabinschrift, die leider vor der Einsetzung an die Vorderseite des Altars nicht kopiert wurde. Herkunft und Zusammenhang sind deshalb unbekannt.

An den Wänden der Kirche sind Grabplatten angebracht, die ursprünglich im Fußboden der Kirche eingelassen waren. Davon zu unterscheiden sind die Grabplatten in der nördlichen Apsis der Kirche und neben dem Eingang zur Sakristei, die nicht vom Campo Santo, sondern aus der Ende des 19. Jh. abgerissenen Kirche der deutschen Bäckerbruderschaft St. Elisabeth stammen und wegen der engen Verbindung mit der Campo-Santo-Bruderschaft hierher verbracht worden waren.

△ Das Altarantependium, ursprünglich wohl eine frühmittelalterliche Schrankenplatte aus dem 8. oder 9. Jh., wurde 1975 in den neu geschaffenen Altar eingefügt.

◁ Der Holzkruzifixus über dem Altar hing ursprünglich unter dem Chorbogen, bis er einen eigenen Altar erhielt. Seit der letzten Restaurierung 1975 hängt er wieder im Chor. Die Plastik ist eine Arbeit eines deutschen Bildschnitzers, wohl Anfang des 16. Jh., und wurde vermutlich für die gerade neu eingerichtete Kirche geschaffen.

Am linken Chorpfeiler ist das imposante Barockgrabmal für den Bildhauer Laurentius Rues († 1690) aus Tirol angebracht, der sein Grabmal selbst entworfen hat. Das über 4 m hohe, aus verschiedenfarbigen Marmorsorten gestaltete Denkmal in der Nachfolge berninischer Grabmäler wurde von Giovanni Battista Gorgi (Giorgi), vermutlich einem Schüler Rues', mit großer Sorgfalt ausgeführt und war 1689, noch zu Lebzeiten des Auftraggebers, vollendet. Die Grabplatte, die früher unter dem Denkmal lag, hängt vor dem Eingang zur Sakristei. Laurentius Rues war Mitglied der Bruderschaft und hinterließ eine namhafte Mitgiftstiftung für mittellose Jungfrauen.

Am rechten Chorpfeiler erhebt sich in symmetrischer Entsprechung das Grabmal des Bamberger Prälaten Georg Meisel († 1710). In Komposition, Größe und Verwendung verschiedener Materialien entspricht es dem älteren Rues-Grabmal. Der entwerfende Künstler ist unbekannt. Das Denkmal wurde schon zu Lebzeiten

Meisels begonnen, aber erst sieben Jahre nach seinem Tod vollendet. Nach Fischer Pace könnte der Entwurf vom Bildhauer L. Rues selbst stammen, mit dem Meisel schon aufgrund der gemeinsamen Mitgliedschaft in der Bruderschaft bekannt gewesen sein musste. Auch ist Meisels erstes Grabmal in S. Maria dell'Anima von 1690, das nach einem Streit im Jahre 1697 nicht benutzt wurde, eng mit Rues' eigenem Grabmal verwandt. Trotz der formalen Ähnlichkeit hebt sich das Meisel-Grabmal in S. Maria della Pietà durch das aufwendige, vergoldete Porträtmedaillon und den imposanten Knochenmann vom Rues-Denkmal ab. Dies hängt sicher auch mit der Stellung Meisels zusammen, der Kammerherr und Vertrauter Papst Alexanders VII. war. In der Bruderschaft hatte er mehrmals Vorstandsämter inne und stiftete 1705 einen prächtigen barocken Hochaltar. Er hinterließ ein stattliches Haus und Finanzmittel für eine Mitgiftstiftung. Seine Grabplatte ist heute in der Wand vor der rechten Seitenkapelle eingelassen, während der Hochaltar zerstört wurde.

Dem Grabmal gegenüber befindet sich das Epitaph für den Antwerpener Maler Jacobus de Hase († 1634): eine schlichte Inschrifttafel mit profilierter Deckplatte, darauf rundplastisch ein trauernder Putto mit gesenkter Fackel, seitlich davon ein Wappenschild. Die dazugehörige Grabplatte liegt heute auf dem Friedhof vor der Statue des hl. Gregor. Grab und Denkmal befanden sich ursprünglich an der östlichen Wand des Chores, wenig später wurde das Denkmal an den heutigen Ort versetzt. Der trauernde Putto ist ein Werk des François Duquesnoy, der neben Bernini und Algardi zu den bedeutendsten Bildhauern des 17. Jh. in Rom zählt. Er war schon zu Lebzeiten wegen seiner einfühlsamen Kinderdarstellungen berühmt, wofür der trauernde Putto ein beredtes Zeugnis ablegt. Der Putto war ursprünglich für ein anderes Denkmal geschaffen worden, über das keine

weitere Kenntnis vorliegt, dann aber von Duquesnoy selbst der Witwe seines Freundes de Hase für dessen Grabmal geschenkt worden. Mit weiterem Besitz kam er in das Eigentum der Bruderschaft, die ihrem Mitglied und Wohltäter das Denkmal setzte.

An dem gegenüberliegenden östlichen Pfeiler, möglicherweise in Symmetrie zum Hase-Epitaph, ist ein Denkmal angebracht, das jedem Besucher stolz die Privilegien der Bruderschaft und ihrer Kirche verkündet. Ein aus einer Marmortafel herausgearbeiteter, nach links schwebender Putto hält ein Tuch vor dem Körper, auf dem die Ablässe und Privilegien verzeichnet sind, die der Bruderschaft und der Stiftung im Laufe der Jahrhunderte von den Päpsten gewährt wurden. Die Arbeit eines unbekannten Künstlers wird dem ausgehenden 17. oder dem beginnenden 18. Jh. zugeschrieben.

I·N·R·I

Das Tafelbild der Kreuzigung über dem Eingang zur Sakristei entstand zu Beginn des 16. Jh. Es wurde 1982 umfassend restauriert. Der unbekannte spätgotische Meister gehört vermutlich in den südwestdeutschen Kunstkreis.

Die Kapelle rechts neben dem Chor wurde 1971–1975 für den Gottesdienst in kleinen Gruppen neu gestaltet. Der um 1500 entstandene Renaissancetabernakel mit seinen flankierenden Pilastern mit reliefierten Blütenkandelabern, Kapitellen und antikisierendem Gebälk an der Rückwand der Kapelle diente in der alten Kirche als Aufbewahrungsort des Heiligen Öls. Bis 1970 befand er sich an der Wand neben der heutigen Orgel. Die Inschrift »Liberatrix Animarum / Ex Flammis Purgatorii« bezieht sich auf ein Marienbild (Stich), das seit dem 18. Jh. in der mittleren Öffnung eingelassen war. Der auf eine Holzplatte aufgezogene Stich befindet sich heute im Archiv des Campo Santo. In der Kapelle befand sich bis Sommer 2016 auch ein Marmorepitaph zum Gedenken an den Gründungsrektor des Priesterkollegs und langjährigen Rektor der Erzbruderschaft, Prälat Anton de Waal, jetzt an der Ostwand der Kirche mit Blick zum Tabernakel in der Schweizerkapelle.

Das monumentale, oben abgerundete Ölgemälde der Geburt Christi an der linken Wand der Kapelle stammt von einem unbekannten Maler, der von Fischer Pace den Spätnazarenern der 2. Hälfte des 19. Jh. zugerechnet wird, möglicherweise von Francesco Sozzi, einem Schüler Overbecks.

Die modernen farbigen Glasgemälde im Chor und die beiden kleinen, nur in Grisaille gestalteten Fenster in den Eckräumen der Ostseite schuf Georg Meistermann. Eine finanzielle Unterstützung für diese Glasfenster spendete Bundespräsident Gustav Heinemann anlässlich seines Staatsbesuches in Rom.

Die Orgel der Firma Romanus Seifert u. Sohn aus Kevelaer gehört zu den wenigen vollkommen mechanischen modernen Orgeln in Rom.

Das Weihwasserbecken vor dem Osteingang ist »1501« datiert und war mit einer Grabstätte in unmittelbarer Nähe verbunden. Das Weihwasserbecken vor dem Westeingang könnte ebenfalls aus der Erbauungszeit der Kirche stammen, Baluster und Basis sind evtl. später entstanden.

Die Marmorstatue des Christus an der Geißelsäule, 1895 vom italienischen Bildhauer Raffaele Zaccagnini geschaffen, von dem auch einige Grabdenkmäler auf dem Friedhof stammen, wurde der Erzbruderschaft 1910 von Wohltätern, darunter das österreichische Kaiserhaus, geschenkt. Sie stand ursprünglich in der Friedhofskapelle, die deshalb umgangssprachlich auch »Geißelkapelle« genannt wurde, und war in den 1970er Jahren auf den Friedhof verbracht worden. Im Jahr 2013 wurde sie gereinigt und steht seither in der nördlichen Apsis der Kirche.

TIMORE EXTERRITI·SVNT CVSTODES
CHRISTVS RESVRGĒS·EX·MORTVIS VIVIT·DEO

SCHWEIZERKAPELLE

Die linke Seitenkapelle, die sog. Schweizerkapelle, diente ursprünglich als Gottesdienstraum der Päpstlichen Schweizergarde und als Grablege der Hauptleute und ihrer Familien, von denen zahlreiche Grabplatten im Boden Zeugnis ablegen. Die Anordnung der Grabplatten auf dem Fußboden vermittelt eine gute Vorstellung der Fußbodengestaltung der übrigen Kirche bis zur Renovierung in den 70er Jahren des letzten Jahrhunderts.

Die Schweizergarde war es auch, die für die Ausstattung der Kapelle zu sorgen hatte. An der Westwand ist ein im 19. Jh. auf Leinwand aufgezogenes Freskofragment der Krönung Mariens mit Widmungsinschrift erhalten. Es gehörte zur Ausmalung um 1517 und wurde von einem umbrischen Maler angefertigt. Im 19. Jh. restaurierte man es etwas zu stark im Geschmack der Zeit.

△ Schweizerkapelle mit ihrer künstlerischen Ausstattung aus dem 16., 18. und 19. Jh.

◁ Familienwappen des Gardehauptmanns Kaspar Röist, Stifter des Freskenzyklus des 16. Jh.

Wesentlich wertvoller ist der in der ersten Hälfte des 20. Jh. ebenfalls abgenommene Freskenzyklus mit der Anbetung der Könige und mit Darstellungen aus der Passion Christi an der linken Wand. Er besteht heute aus zwölf unterschiedlich großen Tafeln, die in der ursprünglichen Abfolge aufgehängt sind: links und rechts der Fensteröffnung die Anbetung der drei Könige mit Gefolge, darunter von links nach rechts Abendmahl, Christus am Ölberg, Christus vor Pilatus, und Geißelung. Im unteren Abschnitt die Doppeltafel mit Dornenkrönung und Kreuztragung, Kreuzigung und Doppeltafel mit Grablegung und Auferstehung. Die ebenfalls gemalte architektonische Wandgliederung fiel der Ablösung zum Opfer. Am oberen Rand der Wanddekoration sind Wappenschilde Schweizer Kantone abgebildet. Der Freskenzyklus ist ein um 1522/23 datierbares Frühwerk des Polidoro da Caravaggio, eines Schülers von Raffael, vermutlich nach einem Entwurf Perino del Vagas. Möglicherweise haben noch andere Maler an dem Zyklus mitgearbeitet. Unter dem Kreuzigungsbild steht der Auftraggeber, Gardehauptmann Kaspar Röist aus Zürich, der beim Sacco di Roma 1527 ums Leben kam. In der Mitte des Zyklus hat er standesgemäß sein Familienwappen anbringen lassen.

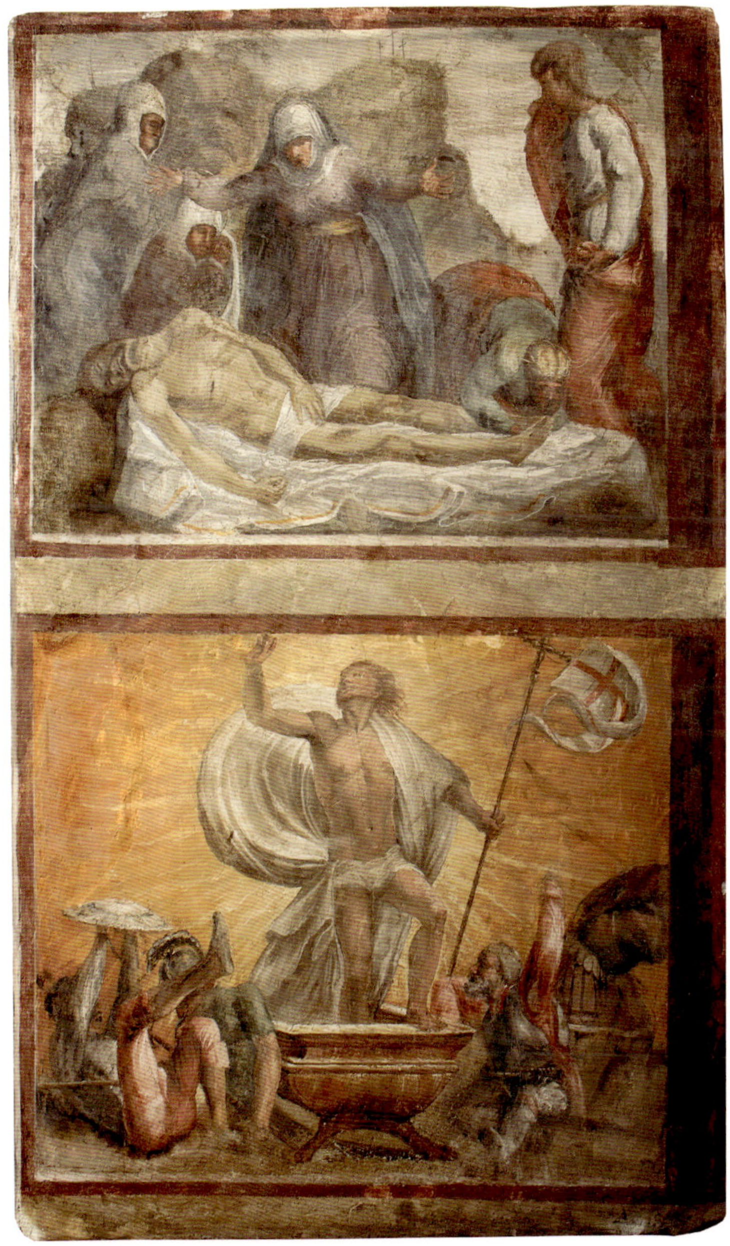

Die übrigen Malereien der Kapelle, einschließlich der Decke, stammen von Liborio Marmorelli, der 1780 von der Bruderschaft den Auftrag erhielt, zu den bereits vorhandenen Fresken und entsprechend deren Gliederungsschema Themen aus dem Alten Testament zu malen. Zur Ausführung kamen Szenen aus der Josephsgeschichte. Sie sind in Tempera auf Leinwand gemalt. Vom selben Künstler stammen möglicherweise auch die Fresken in der Sakristei.

Der Altar stammt in seinem äußeren Aufbau bereits aus der Mitte des 18. Jh. Er wurde im Hinblick auf das Heilige Jahr 1750 von der Bruderschaft gestiftet und vom bruderschaftseigenen Bildhauer bzw. Steinmetz (Marmista) geschaffen. Dieser integrierte zwei antike schwarze Marmorsäulen, die die Bruderschaft während der Bauzeit des Altares erwerben konnte. 1879 wurde das Altarbild der Auferstehung Christi aus weißem Marmorrelief eingefügt. Es ist eine Arbeit des westfälischen Bildhauers und langjährigen Bruderschaftsmitglieds Theodor Wilhelm Achtermann († 1884). Vom selben Künstler stammt das Bronzekreuz in der Mitte des Friedhofs, vor dem auch seine Grabstätte liegt. Achtermann gehörte dem Kreis der Nazarener an und lebte fast 50 Jahre in Rom. Er gehört zu den Wohltätern der Bruderschaft.

Die Schweizerkapelle dient heute wieder als Sakramentskapelle.

△ Anbetung der Könige (rechts) und Gefolge (links) aus dem Freskenzyklus des Polidoro da Caravaggio aus dem 16. Jh.

▷ Deckenmalerei in Tempera von Liborius Marmorelli (um 1780)

QUI RIPOSA
EUGENIA STRASSER
DI STRASBURGO
PIAE MEMORIAE
MARIAE FELICITATIS PLATZ
MARIA PRUGGER
ELISABETHA FRIDERICA
GEORGIUS NEPOS M.P.

Das zweiflügelige Hauptportal aus Bronze ist eine Stiftung des deutschen Bundespräsidenten Theodor Heuss anlässlich seines Staatsbesuchs bei Papst Pius XII. 1957. Entwurf und Ausführung lagen bei dem Kölner Bildhauer Elmar Hillebrand, einem Schüler von Ewald Mataré. 1959 wurde die Tür eingesetzt. Die Ikonographie ist ganz auf den Ort und seine Bestimmung ausgerichtet. Von einem Knüpfmuster, das die ganze Tür überzieht, heben sich einige Bildfelder ab: im oberen Teil ein Girlanden haltender Engelreigen in Form einer Muschel; im mittleren Teil auf dem linken Türflügel die thronende Muttergottes mit dem Jesusknaben, zu ihren Füßen die Wappenschilde Pius' XII. und der Bundesrepublik Deutschland, darunter das Emblem der Erzbruderschaft, eine Pietà vor dem Doppeladler; auf dem rechten Flügel der auferstehende Christus, darunter die drei Frauen am leeren Grab. In der unteren Hälfte der Tür sind links die Wappen des damaligen Kardinalprotektors, Giuseppe Pizzardo, und des Rektors der Erzbruderschaft, Prälat August Schuchert, rechts die Stiftungsinschrift des Bundespräsidenten herausgearbeitet. Den unteren Abschluss der Tür bildet eine Reihe sich öffnender Gräber, auf denen, z. T. leicht punktiert, die Namen der Mitglieder der vom Bundespräsidenten Heuss eingesetzten Prüfungskommission bzw. Jury verzeichnet sind. Der Türknauf trägt das Monogramm Karls des Großen.

Vor der Kirche zum Friedhof hin erhebt sich eine Portikusanlage, die erst zu Beginn des 20. Jh. vor die Fassade gestellt wurde. 2010 wurden die Säulen vor der Kirche wieder freigelegt und bei dieser Gelegenheit die Sockel neu mit weißen Marmorreliefs gestaltet. Sie zeigen links das Wappen Papst Benedikts XVI., rechts das Wappen der Erzbruderschaft. Die Einweihung fand am 12. September 2010 statt.

◁ Unter der Portikus liegen die ältesten Familiengrüfte aus der Mitte des 19. Jh., die nach dem Verbot der Bestattung in der Kirche angelegt wurden.

△ Die Sockelverkleidungen aus Carrara-Marmor wurden von den aus ganz Deutschland stammenden Schülern der Städtischen Fachschule für Steinmetztechnik / Meisterschule für das Steinmetz- und Steinbildhauerhandwerk in München ausgeführt, die seit einigen Jahren innerhalb ihres Ausbildungsprogramms Restaurierungen und Reinigungen von Steindenkmälern des Campo Santo vornehmen. Die Wappen wurden von Franz Seidl (Friedberg) gestaltet.

◁ Blick durch die geöffnete Kirchentür in den Friedhof.

PIVS SEXTVS P.M.
TEVTONVM ET FLANDROR.
COEMETERIVM
IN ELEGANTIOREM CVLTVM
RESTITVIT A PONTIF IV
TEUTONES IN PACE

DER FRIEDHOF

Betritt man den Campo Santo durch die zweiflügelige Gittertür von St. Peter aus, stößt man auf dem Friedhofsweg auf eine große Inschriftplatte, auf der in lateinischer Sprache in wenigen Sätzen der Beginn der neueren Geschichte des Friedhofs im ausgehenden Mittelalter zusammengefasst wird.

Auf die Tätigkeit des bereits genannten Friedrich Frid aus Magdeburg wird verwiesen, der den Friedhof zur Zeit Papst Eugens IV. in verwahrlostem Zustand vorgefunden habe; eine Umfriedung des Areals habe es noch nicht gegeben, so dass Wölfe die Leichen ausgescharrt hätten; er habe sich ein Haus errichtet und all seine Sorge auf den Friedhof gerichtet.

Wie groß das Friedhofsareal zur Zeit des Friedrich Frid in der Mitte des 15. Jh. war, lässt sich nicht mehr feststellen. Frid umschließt den Friedhof zum Schutz mit einer Mauer. Der bisher älteste Grundriss hat sich aus der Zeit des Neubaus von St. Peter durch Tiberius Alfaranus erhalten, der das Areal des Campo Santo vor dem Abriss der kleinen Gregorkirche an der Nordseite zu St. Peter hin zeigt, die dem Transport des Obelisken aus dem Zirkus des Nero auf die Mitte des Petersplatzes im Jahr 1587 im Wege stand. Diese Ansicht dürfte dem Zustand des 15./16. Jh. sehr nahe kommen. Auf dem Plan sieht man nicht nur den Grundriss der neuen Kirche S. Maria della Pietà, also der heutigen Campo Santo-Kirche, sondern auch die zwei Apsidenreste der Vorgängerkirche. Das umfasste Gebiet des Campo Santo zu dieser Zeit war fast um die Hälfte größer als heute. Weitere Einbußen erlitt das Areal bei der Anlage der Kolonaden von St. Peter im 17. Jh. und besonders beim Bau der Sakristei und des Kanonikerpalastes von St. Peter um 1776.

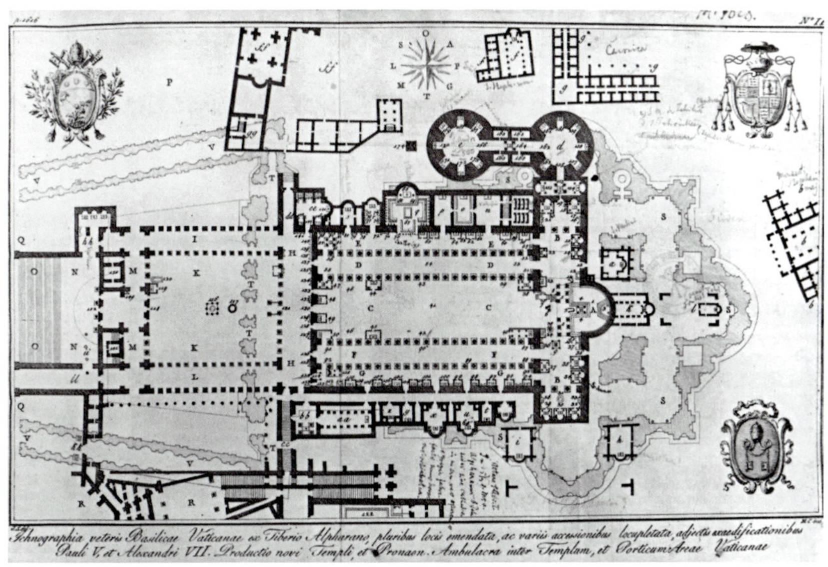

△ Alfaranus-Plan (um 1579) mit der Umzeichnung nach Cancellieri, um 1786.

◁ Eingang zum Friedhof. Die zweiflügelige schmiedeeiserne Tür wurde vom damaligen Anima-Kaplan und späteren Rektor des Campo Santo Teutonico, Anton de Waal, entworfen und vom Pro-Rektor Karl Jänig aus eigenen Mitteln gestiftet.

△ Blick von der Eingangsseite her nach Westen.

◁ Eingang zum Friedhof von der Nordseite her mit Blick zum Glockenturm im Osten.

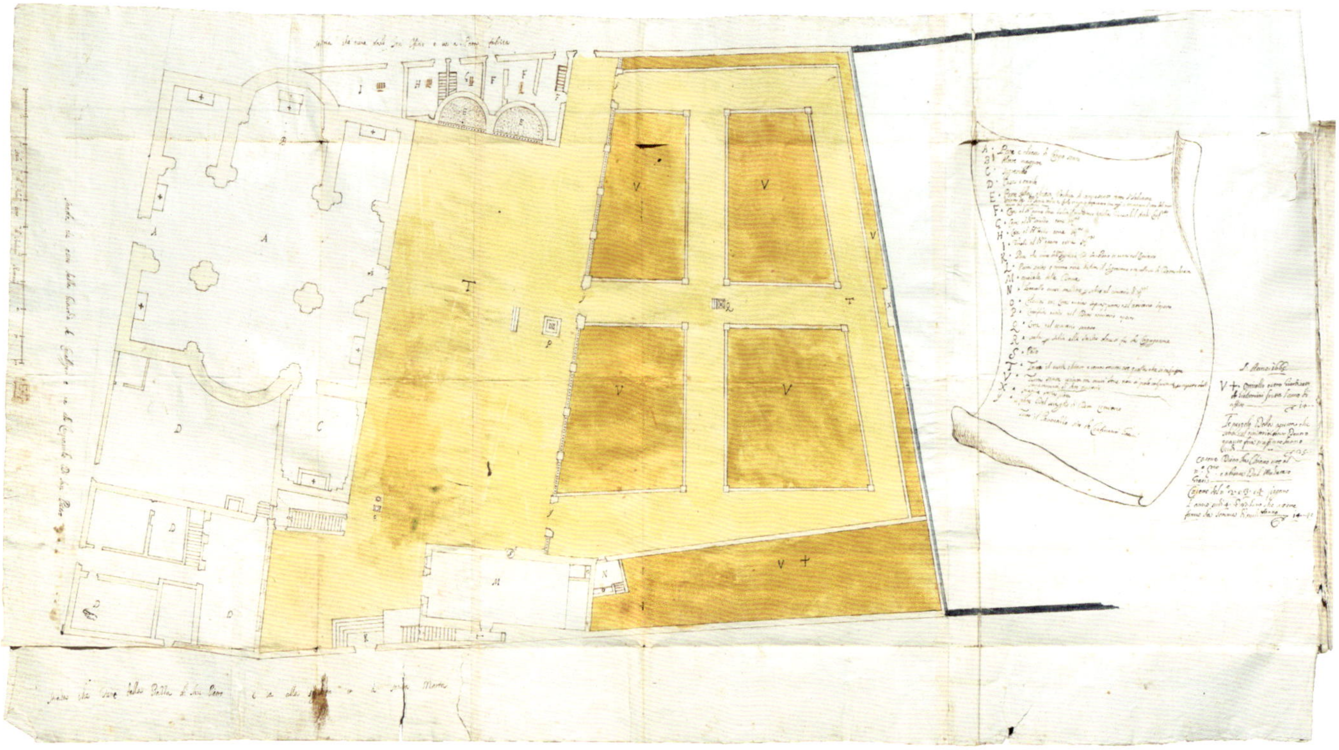

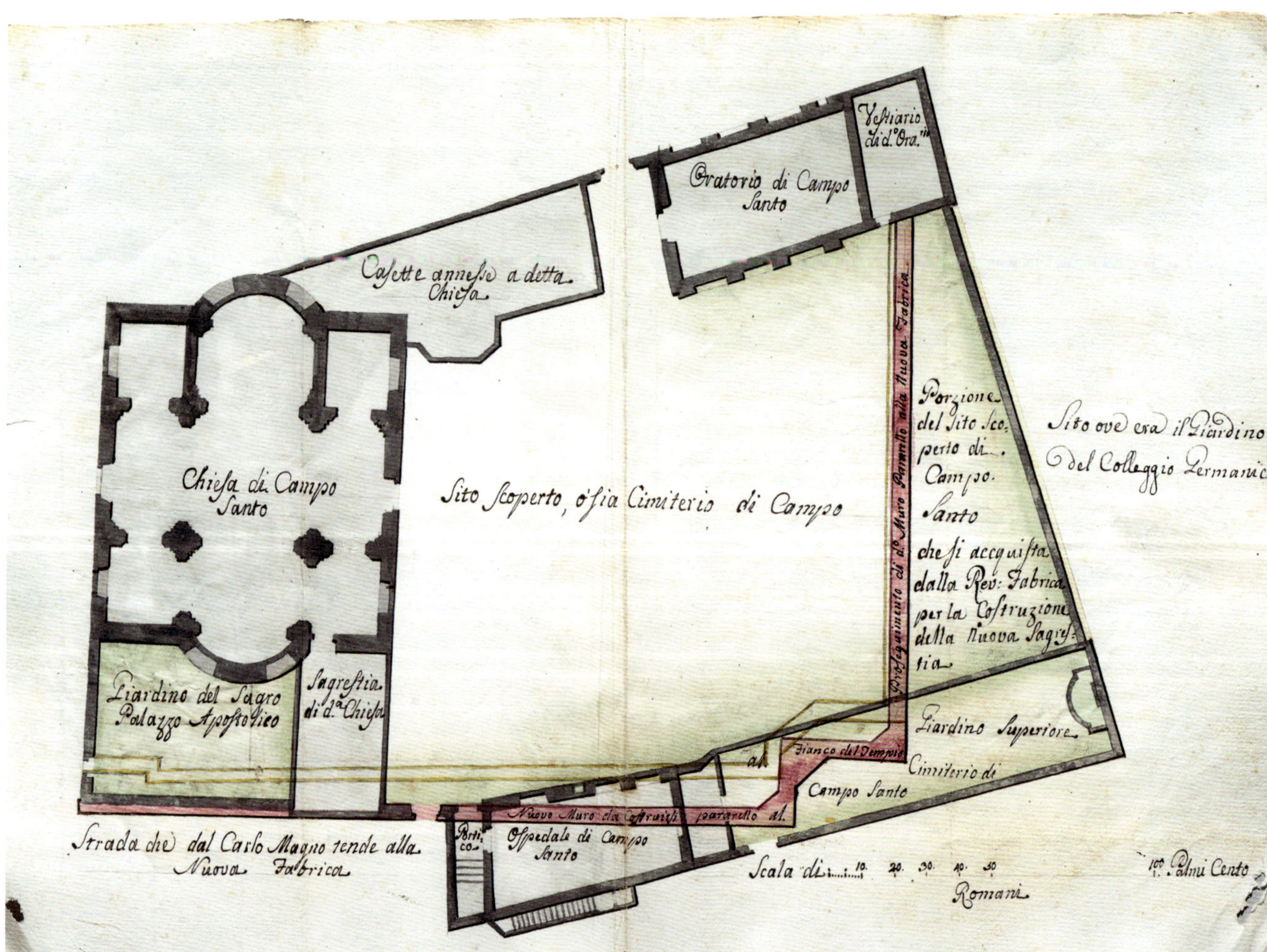

Vestiario
Oratorio di Campo Santo
Casette annesse a detta Chiesa
Chiesa di Campo Santo
Sito Scoperto, o sia Cimiterio di Campo
Proseguimento di d.° Muro Parallelo alla Nuova Fabrica
Porzione del Sito Scoperto di Campo Santo che si acquista dalla Rev: Fabrica per la Costruzione della Nuova Sagrestia
Sito ove era il Giardino del Collegio Germanico
Giardino del Sagro Palazzo Apostolico
Sagrestia di d.a Chiesa
Giardino Superiore
Fianco del Tempio
Cimiterio di Campo Santo
Nuovo Muro da Costruirsi parallelo al
Portico
Ospedale di Campo Santo
Strada che dal Carlo Magno tende alla Nuova Fabrica
Scala di 10. 20. 30. 40. 50. 100. Palmi Cento Romani

Damals verlor der Campo Santo ein weiteres Drittel seines Gebietes. Die heutige Umfassungsmauer stammt aus dieser Zeit. Ihre Balustrade greift das gleiche Motiv wieder auf wie bei der Sakristei und dem Kanonikerpalast und zeigt, dass sie zur gleichen Bauausstattung gehört. Eine Inschrift Papst Pius' VI. erwähnt stolz, der Papst habe den Friedhof der Deutschen und Flamen in eine elegantere Form versetzt, erwähnt aber den damit einhergehenden Gebietsverlust mit keinem Wort.

Der Friedhof war von alters her in vier Felder, die vermutlich mit Mäuerchen oder Zäunen eingefasst waren, und Flächen außerhalb dieser Felder aufgeteilt. Diese Aufteilung zeigt auch der heutige Zustand, nur etwas kleiner als früher. Aus der Zeit der Neuanlage im ausgehenden 18. Jh. haben sich in den abgerundeten Ecken der Felder teilweise noch die hohen Zypressen und als ein botanisches Naturdenkmal vereinzelt die großen, zu Bäumen herangewachsenen Buchsumrahmungen erhalten, die in dieser Größe äußerst selten sind.

FRIEDHOFSKAPELLE

Im 17. Jh. wurde für das altehrwürdige Holzkreuz in der Mitte des Friedhofs, dem man wundertätige Eigenschaften beimaß, eine schützende Friedhofskapelle errichtet, die bei der Verkleinerung des Friedhofs Ende des 18. Jh. wieder abgerissen wurde. Ihre Funktion übernahm die heutige Friedhofskapelle an der Südseite des Friedhofs mit der Einbeziehung einer der beiden Apsiden der alten Marienkirche. Vermutlich erhielt die Kapelle zu dieser Zeit auch ihre neue Fassade und das kunstvoll geschmiedete Eisengitter aus der Hand des aus Westfalen stammenden Bruderschaftsmitglieds Wilhelm Rustemeyer. Das Gitter war ursprünglich 1685 für das Oratorium bestimmt, das im 17. Jh. an der Stelle des heutigen Kollegsgebäudes errichtet worden war. Vom Schmiedemeister Rustemeyer, der einen hochrangigen Posten bei der päpstlichen Münze bekleidete, stammen auch die starken Eisenklammern im Inneren der Kirche, die bis heute die Statik der Kirche sichern. Das altehrwürdige Holzkreuz befindet sich heute in der Sakristei.

△ Friedhofskapelle mit Resten älterer Freskomalereien, aus verschiedenen Epochen, meist 14. und 15. Jh.

◁ Kolorierter Plan des Campo Santo Teutonico aus dem Jahr 1665 im Archiv der Erzbruderschaft. Das auf dem unteren Plan zu sehende Oratorium war noch nicht errichtet.

◁ Kolorierter Plan des Campo Santo Teutonico aus dem Jahr 1776 mit den Gebietsverlusten, Archiv der Erzbruderschaft.

L'EMOSINA
P.LA LAMPA
D.SS.CROCI

CONCEPTÆ ORATORII CAMPI SANCT DIE VII DECEM AN M DC LXXXV

◁ Details der kunstvollen schmiedeeisernen Gittertür, die ursprünglich 1685 für das Oratorium geschaffen worden war und möglicherweise erst bei der Neugestaltung der Friedhofskapelle am Ende des 19. oder gar erst im 20. Jh. hierher gebracht wurde.

Das altehrwürdige Holzkreuz stand zwei Jahrhunderte lang in der Mitte des Friedhofs, später in der Friedhofskapelle (Kreuzkapelle). Es stammt wohl aus dem ausgehenden 15. Jh. und wurde vermutlich von einem deutschen Bildschnitzer geschaffen. Heute hängt es in der Sakristei.

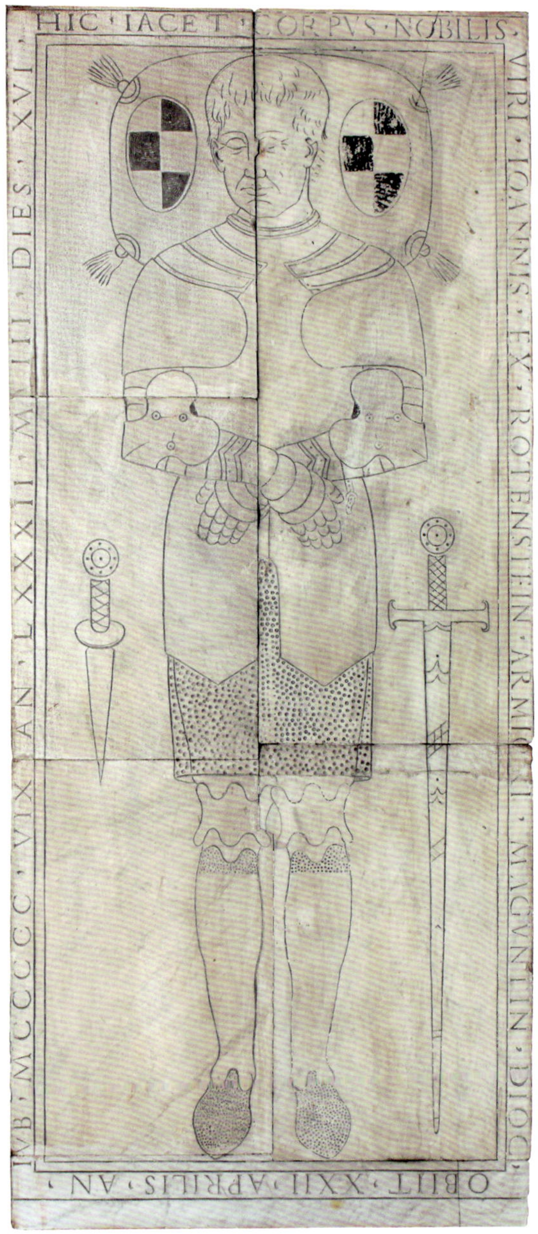

In der Friedhofskapelle sind meist ältere Grabplatten zu sehen, darunter die älteste erhaltene Pilgerplatte für Ritter Johannes von Rodenstein (Odenwald), der im Heiligen Jahr 1500 in Rom verstorben ist. In seiner Heimat in Fränkisch-Crumbach wurde ihm ein gotisches Grabmal (Kenotaph) errichtet, auf dem in deutscher Sprache steht, dass er in Rom »uff dem Gotzacker« begraben liege.

Auf der gegenüberliegenden Seite hängt das Epitaph für den Lautenmacher Martin Rethausen († um 1546). Der aus der Diözese Salzburg stammende Instrumentenbauer soll der erste nachweisliche deutsche Lautenmacher in Rom gewesen sein. Er gehörte zu den alpenländischen Landsleuten, die dieses Saiteninstrument in Italien heimisch gemacht haben sollen. Rethausen war ein eifriges Mitglied der Bruderschaft und nahm mehrere Leitungsämter wahr.

△ Die Grabplatte bzw. das Epitaph waren ursprünglich im Chor der Kirche angebracht, seit Ende des 19. Jh. befinden sie sich in der Friedhofskapelle.

BESTATTUNGEN

In seiner formalen Gestaltung unterscheidet sich der Campo Santo Teutonico kaum von anderen Friedhöfen. Im Mittelalter und in der frühen Neuzeit besaß er wie diese Massen- und Einzelgräber. Es war üblich, die Verstorbenen ohne Sarg zu bestatten. Die Liegedauer betrug in der Regel nur acht bis zehn Jahre. Wegen Raumnot erfolgte eine häufige Wiederbelegung, d.h. die Gebeine der zuvor Bestatteten wurden entfernt und im Beinhaus deponiert. Massengräber waren neben Einzelgräbern im Campo Santo bis in die ersten Jahrzehnte des 17. Jh. üblich. In diesem Zusammenhang sei nochmals auf die Geschichte mit den Wölfen bzw. streunenden Hunden verwiesen. Die sog. »Massengräber« oder großen Gruben für die Bestattung der einfacheren Leute wurden außerhalb von Epidemien oder bestimmten Notsituationen verständlicherweise nicht auf einmal gefüllt, sondern nach und nach mit Leichen bestückt, die bis zur nächsten Bestattung oft nur notdürftig mit Erde bedeckt wurden. Erst wenn die Grube voll war, wurde sie ordentlich verschlossen. Deshalb haben die Berichte von Wölfen und Hunden (in den italienischen Quellen »bestie«) einen realen Hintergrund (s. a. oben »Frühgeschichte«). Zuletzt werden sie im Zusammenhang mit der Niederlegung der Gregorkirche Ende des 16. Jh. erwähnt, als der Friedhof vorübergehend keine lückenlose Ummauerung besaß und daher streunende Hunde sich an den Leichen zu schaffen machten, wie eine Notiz aus den Protokollbüchern der Bruderschaft belegt.

In den Feldern durften nur schlichte Bestattungen – zunächst ohne, später mit einfachem Holzsarg – vorgenommen werden. Dies galt bis 1924, als gemauerte Grüfte obligatorisch wurden. Bis dahin führten die Felder in etwas abgewandelter Form die Tradition der Massengräber bzw. der Armenbestattungen fort. Bevorzugter Bestattungsort war neben dem Fußboden der Kirche der Bereich unmittelbar vor dem Kircheneingang, entlang der Friedhofsmauer und rund um das Hauptkreuz in der Mitte des Friedhofs. Ausschließlich in diesem Bereich finden sich bis zum Anfang des 20. Jh. Familien- und Erbbegräbnisse mit den entsprechenden Grabplatten und Denkmälern.

Erst seit den 1920er Jahren werden auch die übrigen Felder des Friedhofs mit dauerhaften Erinnerungszeichen geschmückt.

Der Friedhof wird im Laufe der Jahrhunderte mehr und mehr zur Grablege der Bruderschaft und der deutsch- und flämischsprachigen Kolonie, obgleich seine alte Bestimmung als Pilgerfriedhof nie aufgegeben wurde. Im Heiligen Jahr 1925 wurde ein eigenes Feld (links vom Eingang des Friedhofs) für die Bestattungen der Pilger freigehalten, und bis heute besteht die sog. Pilgergruft. 2015 wurde ein obdachloser Pilger aus Flandern hier beigesetzt. In der Regel haben aber nur die Mitglieder der Bruderschaft und die Angehörigen deutschsprachiger Ordenshäuser und Institutionen in Rom das Grabrecht, die mit der Bruderschaft einen entsprechenden Vertrag geschlossen haben.

Durch Inschriftensammlungen sind die Grabplatten seit dem ausgehenden 15. Jh. fast lückenlos dokumentiert. Ein Drittel der etwas mehr als 500 bekannten Platten ist heute verloren, andere sind nur fragmentarisch überliefert. Die Mehrzahl der älteren Platten lag im Fußboden der Kirche. Sie sind heute an den Wänden der Kirche und des Friedhofs angebracht. Bis in das 19. Jh. gab es im Verhältnis zu den Bestattungen relativ wenige Grabplatten, meist von Geistlichen, Angestellten der Kurie und zu Wohlstand gelangten Handwerkern und Kaufleuten. Vielfach wurden unter den Platten über Generationen Mitglieder der gleichen Familie bestattet, ohne dass deren Namen eigens vermerkt wurden. Im 19. Jh. setzt eine stärkere Individualisierung ein. Jetzt findet man zahlreiche, einer Einzelperson gewidmete Grabstelen entlang der Friedhofsmauer. Der Aufschwung der deutschsprachigen Kolonie, vor allem durch den Zuzug von Künstlern und Bildungsreisenden, wird hier sichtbar.

◁ 1857 wurde in der Mitte des Friedhofs das Bronzekreuz von Theodor Wilhelm Achtermann aufgestellt. Das Grab des Bildhauers liegt unmittelbar vor dem Kreuz. Den Guss des Friedhofskreuzes in Rom übernahm W. Hopfgarten aus Berlin.

Von den zahlreichen Verstorbenen seien einige markante Persönlichkeiten hervorgehoben. Der Rundgang beginnt vor dem Hauptportal der Kirche im Uhrzeigersinn. Hier ruht unter einer schlichten Bodenplatte der Wittelsbacher Prinz Georg von Bayern († 1943). Als Kanonikus von St. Peter hat er mit seinem Bruder die Geldmittel für drei moderne Bronzeportale des Petersdoms gestiftet, darunter die berühmte »Tür des Todes« von Giacomo Manzù.

Direkt links neben der 14. Kreuzwegstation, kaum mehr leserlich, liegt die Familiengrabstätte des Malers Friedrich Overbeck, der u.a. als Camerlengo Vorsitzender der Bruderschaft war. Er selbst ist in S. Bernardo alle Terme beigesetzt.

Schräg gegenüber lag die ehemalige Grabstätte des Prälaten Ludwig Kaas († 1952), der heute in den Grotten von St. Peter in der sog. Deutschen Kapelle ruht. Dorthin wurde auch seine Grabplatte aus rotem Granit überführt. Die Grabstätte gehört jetzt den Lehrschwestern von Menzingen. In der Gruft ist Mater Pascalina Lehnert († 1983) beigesetzt, die langjährige Leiterin der Hauswirtschaft von Papst Pius XII.

D · O · M ·
CORNELIA · FILIA
CORNELII · DE BIEL
THEVTONICA · VXOR O
RO · CV · VERONICA · RVM
PICTORIS · HIC SITA · EST
VIXIT AN · XXVI
OBIIT XXVIII · IANV ·
· M · D · XXVI ·
D · O · M ·
HIC IACET MATTHEVS FOLTZ DE
WIPINA PISTOR NATIO GERMAN
VIXIT AN XLII OBIIT DIE XIII MAI
M · D · XLVI · VENTVRA EIVS FR NO
SINE LACHRY · SVIS EXPENSIS POS
D · O · M ·
FACCINORVM
MEMORIAE
QVAM
IO · BAPTISTAE FACCINO
TRIDENTINO
DEFVNCTO XXV ·
NOVEMB · MDCLXX ·
INFRA SEPVLTO
MARTINVS FRATER
CATHAR · COGNATA
ET BARTH · NEPOS
VIVENTES
SIBI SVISQ · HAEREDIB ·
EODEM ANNO
POSVERE
QVINQ · PALMIS A · MVRO ·
IOSEPHO · ANTONIO · KOCH
TERIOLENSI
NAT · VI · KAL · AVG · A · D · MDCCLXVIII
DEC · ROMAE · PR · ID · IAN · A · D · MDCCCXXXIX
PICTORI · RERVM · GESTARVM · EGREGIO
REGIONVM · PRIMO · TEMPORIS · SVI
CVM · IACOBO · ASMO · KARSTENS
ARTIS · GERMANICAE · RESTITVTORI
VIRO · OPTIME · DE · SE · MERITO
AMICI · ET · CIVES
P · C
CASSANDRAE · KOCH · ET · COMPARIS
HELENAE · WITTMER · ET · PARENTVM
EXVVIAS
COGNOSCETIS · VERITATEM
VERITAS · LIBEROS · REDDET · VOS
IOANN VIII 32
EUGEN VON WAGNER
D O M

Neben dem Eingang zum Priesterkolleg ist das Grabdenkmal für den Tiroler Landschaftsmaler Joseph Anton Koch († 1839) angebracht. Das Relief des Auferstandenen stammt von Karl Steinhäuser, das Ritzporträt von Kochs Schwiegersohn Michael Wittmer.

Rechts neben der Friedhofskapelle erhebt sich das Monument für Charlotte Friederike von Mecklenburg-Schwerin († 1840), Mutter des dänischen Königs Friedrich VII. Der Friedensengel ist eine Arbeit des dänischen Bildhauers Jens Adolf Jerichau, eines Schülers von Bertel Thorvaldsen.

Unter dem ersten Bogen der Portikus vor der Südwand des Kollegs-Gebäudes ist die Porträtbüste des Archäologen Ludwig Curtius († 1954) eingelassen. Sie ist ein Werk des Münchener Bildhauers Hans Wimmer. Schräg gegenüber liegt das Grab des berühmten Archäologen und seiner Familie. Der Grabstein mit dem Marmorrelief der *Dexiosis* wurde von dem deutschrömischen Bildhauer Toni Fiedler geschaffen.

Gegenüber, an der Südwand, erhebt sich die Grabädikula für Frédéric François Xavier de Merode (†1874), belgischer Edelmann, Kriegsminister Pius' IX. und seit 1865 Großalmosenier. In dieser Eigenschaft war er u. a. für karitative Einrichtungen und für die Stadtentwicklung Roms zuständig. Er war ein großer Förderer der Christlichen Archäologie.

Neben der 12. Kreuzwegstation folgt das Denkmal für den niederländischen Prälaten Herman J. A. M. Schaepmann (†1903), der sich als Priester, Schriftsteller und Politiker für den politischen Zusammenschluss und die aktive Teilnahme der niederländischen Katholiken am öffentlichen Leben eingesetzt hat.

Weiter nach Westen liegt die Grabstätte der polnischen Fürstin Karoline von Sayn-Wittgenstein, geb. Iwanowska (†1887). Seit 1849 Lebensgefährtin des Komponisten

Franz Liszt, hatte sie großen Einfluss auf dessen musikalisches Schaffen.

An der Wand des letzten Bogens befindet sich die schlichte Gedenktafel für den westfälischen Buchhändler Joseph Spithöver († 1892), der mehr als 50 Jahre in Rom lebte. Er war neben de Waal eine der bedeutendsten Persönlichkeiten der Bruderschaft im 19. Jh. und maßgeblich an deren Erneuerung und an der Gründung des Priesterkollegs beteiligt.

An der Westwand, unmittelbar vor der Portikus, hängt eine Erinnerungstafel an Prälat Franz Xaver Münch († 1940), Mitbegründer und erster Generalsekretär des Katholischen Akademikerverbands. Unter seiner Leitung wurde der Verband in den 20er und 30er Jahren zu einer führenden Einrichtung im katholischen Deutschland. Münch ruht in der Priestergruft im Mittelgang des Friedhofs.

△ Seit 1988 bietet eine Inschrifttafel aus Travertin gleich gegenüber dem Eingang zum Friedhof eine Kurzinformation zur Geschichte des Ortes und der ihn tragenden Institutionen.
Die Statue »Christus an der Geißelsäule« (oben links) steht heute in der Nordapsis der Kirche.

◁ Die etwas höher gelegenen vier Felder des Friedhofs dienen heute vornehmlich als Familiengrabstätten von Mitgliedern der Bruderschaft.

MEMORIAE·AETERNAE
IOANNIS·MARTINI·EQVITIS·DE·WAGNER
SCVLPTORIS
NAT·WIRCEBVRGI·VIII·KAL·IVL·A·D·MDCCLXXVII
DECESSIT·ROMAE·VI·ID·AVG·A·D·MDCCCLVIII
VNIVERSITAS·LITTERARVM·WIRCEBVRGENSIS·CVM·COHEREDIBVS
F·C

Zwischen der 9. und 10. Kreuzwegstation steht das Grabmal für Johann Martin von Wagner († 1858), ausgeführt von dessen Schüler Peter Schöpf. Der Maler, Radierer, Bildhauer und Kunstsammler Wagner aus Würzburg war ein enger Vertrauter König Ludwigs I. von Bayern, in dessen Auftrag er die Villa Malta als einen der Orte der deutschen Künstlerkolonie verwaltete. Sein bildhauerisches Hauptwerk schuf er im historischen Fries der Walhalla bei Regensburg, der komplett in der Villa Malta entstanden ist. Das Martin von Wagner Museum in der Würzburger Residenz mit seiner berühmten Sammlung antiker Keramik und seinem reichen Bestand an Gemälden und Graphiken geht auf ihn zurück.

Auf dem Feld gegenüber ruhen Stefan Andres und seine Frau Dorothee. Der von der Mosel stammende Schriftsteller geriet während der nationalsozialistischen Zeit mit dem Regime in Konflikt und zog sich mit seiner Familie nach Positano an der amalfitanischen Küste zurück. Nach dem Krieg folgte die Rückkehr nach Deutschland. Seit 1961 lebte er in Rom. Seine Frau, Mitglied der Erzbruderschaft, erwarb die Familiengruft. Der literarische Nachlass liegt im Literaturarchiv in Marbach.

Vor dem Majolikabild des neronischen Zirkus wurde die Rektorengruft angelegt. Hier ruht der Gründer des Priesterkollegs beim Campo Santo, Anton de Waal († 1917) aus Emmerich am Niederrhein. Seit 1873 prägte er in seiner mehr als 40-jährigen Tätigkeit als Rektor zutiefst die Bruderschaft und die Nationalstiftung. Darüber hinaus war er in der deutschen Seelsorge in Rom und Italien und im kulturellen und wissenschaftlichen Leben äußerst rege. Er gründete u.a. zwei wissenschaftliche Zeitschriften, die noch heute bestehen, die »Römische Quartalschrift« und den »Oriens Christianus«. Kurz vor seinem Tod gelang ihm die Ausgrabung der Triclia unter S. Sebastiano an der Via Appia (zu seiner Person s. a. »Priesterkolleg«).

Am Ende der Westwand, Ecke Nordwand, erinnert ein Epitaph an Sibylle Mertens-Schaaffhausen († 1857). Das Denkmal aus dem Jahre 1905 wurde erst etliche Jahrzehnte nach ihrem Tod von einem Enkel gestiftet. Sibylle Mertens-Schaaffhausen, Tochter eines Kölner Bankiers, hatte eine bedeutende Münz- und Gemmensammlung angelegt, war eines der ersten weiblichen Mitglieder des Deutschen Archäologischen Instituts in Rom und pflegte regen Verkehr mit bedeutenden Persönlichkeiten ihrer Zeit. Daneben war sie karitativ tätig und unterstützte vor allem mittellose Künstler.

An der Nordwand folgt das Denkmal für Kardinal Gustav von Hohenlohe († 1896). Es ist eine Arbeit des Münchener Bildhauers Adolf von Hildebrand und wurde 1899 vom Bruder des Kardinals, Reichskanzler Chlodwig von Hohenlohe-Schillingsfürst, gestiftet. Hohenlohe hatte seine gesamte geistliche Laufbahn an der Kurie verbracht, wurde 1857 Kurienbischof und päpstlicher Almonsenier, 1866 Kardinal. Sein zunächst enges Verhältnis zu Pius IX. wurde getrübt, als er sich gegen das Unfehlbarkeitsdogma aussprach. Dem Campo Santo war er seit 1862 eng verbunden und an der Gründung des Priesterkollegs beteiligt.

Weiter dem Eingang zu erhebt sich das Denkmal für den Oratorianerpater Augustinus Theiner († 1874) aus Breslau, Gelehrter und Präfekt des Vatikanischen Geheimarchivs, Freund Kardinal Hohenlohes und der Bruderschaft in verschiedenen Führungsämtern eng verbunden. Der Kirchenhistoriker geriet, auch aufgrund seiner beruflichen Stellung, in die kirchenpolitischen Auseinandersetzungen im Umfeld des I. Vatikanischen Konzils und damit in Konflikte mit seiner Kirche, mit der er sich aber kurz vor seinem Tod wieder versöhnte. Das Denkmal stammt vom Bildhauer Julius Seitz.

Zwischen der 3. und 4. Kreuzwegstation befindet sich das Epitaph für Ernst Zacharias von Platner († 1855) und Ferdinand von Platner († 1896). Der aus Leipzig stammende Ernst Zacharias lebte als Maler in Rom. Sein Sohn Ferdinand, zunächst ebenfalls Maler, verlegte sich auf das Studium der Topographie Roms. Er trug zu diesem Thema die größte Fachbibliothek zusammen, die er als *»Bibliotheca Platneriana«* dem Deutschen Archäologischen Institut in Rom gestiftet hat. Er war ein großer Verehrer des hl. Benedikt Joseph Labre, der 1881 heiliggesprochen wurde.

IN HOC PIO LOCO SOLLERTI SVAE CVRAE PER XXXVI FERE ANNOS COMMISSO IN CHRISTI PACE
DENIQVE QVIESCIT · NATVS AQVISGRANI DIE IV MENSIS MAII ANNO MCMXXXIII · SACERDOS ORDI
NATVS IBIDEM DIE XII MENSIS MARTII ANNO MCMLX · REPENTINA MORTE CORREPTVS IN TRAIECTO
AD MOSAM DIE VIII MENSIS MAII
SANCTI TEVTONICI · PROTONOTA
STITVTI ROMANI GOERRESIAN
NEROSE IMPENDIT RELIGIONI
ERWIN GATZ
ANNO MMXI · RECTOR CAMPI
RIVS APOSTOLICVS · PRAESES IN
AE SOCIETATIS · VITAM SVAM GE
PEREGRINORVM AC FIDELIVM
SVAE NATIONIS ROMAE DEGENTIVM FOVENDAE · HISTORIAE ECCLESIASTICAE STVDIIS PERMVLTIS
FERACI DOCTRINA ET INTEGRO EXEMPLO ILLVSTRANDAE · AMICITIAE AC OBSERVANTIAE FRATER
NAE LAETO ANIMO INTER OMNES FAVENDAE · MEMORIA EIVS PERMANEAT SEMPER · FAMILIARES
ARCHICONFRATERNITASQVE CAMPI SANCTI TEVTONICI GRATO ANI MONVMENTVM POSVERVNT

IOHANNES
PETRVS KIRSCH

Auf dem Feld gegenüber liegt die Grabstätte von Götz Briefs (†1974), einem der bedeutendsten deutschen Nationalökonomen des 20. Jahrhunderts.

Im Gang vor der Kirche ruht in der Gruft von S. Maria dell'Anima der deutsch-böhmische Schriftsteller Johannes Urzidil (†1970), der zu den Mitgliedern des »Prager Kreises« um Kafka, Brod und Werfel enge Beziehungen unterhielt. Er wurde für sein Gesamtwerk mit dem großen österreichischen Staatspreis für Literatur ausgezeichnet.

Am Gang von der Kirche zum Friedhofskreuz liegt rechter Hand die Grabstätte des Trierer Priesters und Gelehrten Stephan Ehses (†1926), der 30 Jahre Direktor des Römischen Instituts der Görres-Gesellschaft war und sich auf dem Gebiet der Nuntiaturgeschichte und der Edition der Trienter Konzilsakten große Verdienste erworben hat.

Daneben ruht Prälat Erwin Gatz, der über 35 Jahre lang das Amt des Rektors der Erzbruderschaft und des Priesterkollegs bekleidete und zusätzlich die Leitung des Römischen Instituts der Görres-Gesellschaft innehatte. Er hat die Ideale des Gründungsrektors des Priesterkollegs Anton de Waal mit seiner Konzentration auf das wissenschaftliche Arbeiten wie kein Zweiter verwirklicht. Die Grabstätte hat er sich deshalb im Umkreis weiterer Gelehrter gewählt. Das Denkmal wurde von Steinmetzmeister Franz Seidl aus Friedberg nach Entwürfen von Albrecht Weiland geschaffen (s. a. »Priesterkolleg«).

Gegenüber liegt die Grabstätte des Luxemburger Prälaten Johann Peter Kirsch (†1941), Vorgänger und Nachfolger von Stephan Ehses als Leiter des Römischen Instituts der Görres-Gesellschaft, Professor der Kirchengeschichte und Christlichen Archäologie in Fribourg und von 1925 bis zu seinem Tod 1941 Gründungsrektor des Päpstlichen Instituts für Christliche Archäologie.

Neben ihm ruht Prälat Joseph Wilpert (†1944) aus Schlesien, mit dem Kirsch schon seit den Studienjahren im Campo Santo befreundet war. Wilpert hat sich als Erforscher der Bildwelt der Katakomben und der frühchristlichen Kunst einen Namen gemacht. Seine Werke sind noch heute von großer Bedeutung.

Auf dem selben Gang ist jenseits des Friedhofskreuzes in der Gruft des Germanikums der aus Köln stammende Jesuit, Kunsthistoriker und Archäologe Engelbert Kirschbaum (†1970) beigesetzt, der bei den Grabungen unter St. Peter 1940–1949 und der Auffindung des Petrusgrabes maßgeblich beteiligt war und sich nach dem Krieg als Direktor des Römischen Instituts der Görres-Gesellschaft und Herausgeber der Römischen Quartalschrift große Verdienste erworben hat.

DIE KREUZWEGSTATIONEN

»Zum Paradies mögen Engel dich geleiten, die heiligen Märtyrer dich begrüßen und dich führen in die heilige Stadt Jerusalem. Die Chöre der Engel mögen dich empfangen, und durch Christus, der für dich gestorben, soll ewiges Leben dich erfreuen.«

Aus dem Ritus der Begräbnisfeier

Ein ganz besonderer Schmuck, noch für den alten Friedhof geschaffen, sind die 14 Kreuzwegstationen und die große Ädikula an der Westseite. Als auf Initiative des Franziskaners Leonardo da Porto Maurizio zu Beginn des 18. Jh. in ganz Europa die Zahl der Kreuzwegstationen auf 14 verbindlich festgelegt wurde und diese Andacht einen großen Aufschwung erlebte, gehörte die Bruderschaft vom Campo Santo zu den ersten Institutionen, die sich zwischen 1757 und 1766 eine solche monumentale Anlage errichten ließ. Vorbild war vermutlich die nur wenige Jahre vorher errichtete Kreuzweganlage im Kolosseum; beide Orte waren der Überlieferung nach Stätten der Christenverfolgung.

Die Entwürfe für die Kreuzwegstationen mit ihrem ädikulaartigen Aufbau und fein gearbeiteten Architekturteilen aus Travertin (siehe z.B. Fotografie der IX. Station) stammen vom damaligen Camerlengo der Bruderschaft selbst, Joseph Woget, und wurden von im Dienst der Bruderschaft stehenden Handwerkern und Steinmetzen ausgeführt. Für die bildliche Darstellung der Szenen konnte man den Tiroler Maler Christoph Unterberger gewinnen, ein Schüler des berühmten Malers Raphael Mengs. Im 19. Jh. wurden die durch Feuchtigkeit beschädigten Fresken von dem Wiener Maler Karl Schönbrunner durch Fresken nach Entwürfen des Nazareners Friedrich Overbeck – auch er ein angesehenes Mitglied der Bruderschaft – ersetzt, die schließlich zwischen 1902 und 1930 aus Gründen der Haltbarkeit in Majolikaplatten von unterschiedlichen Firmen neu ausgeführt wurden. An der Westwand wird die Reihe der Kreuzwegstationen durch die bereits eingangs erwähnte Ädikula unterbrochen, die in ihrem Majolikabild auf das Martyrium der Christen im Zirkus des Nero auf dem Gelände des Campo Santo hinweist.

II. Station.
Jesus nimmt das Kreuz
auf seine Schulter.
+ FRIELINGSDORF +
BERTA MARIA FRIELINGSDORF
8-9-1908 + 26-2-1909
COMM. MAURIZIO FRIELINGSDORF
10-7-1899 + 11-10-1973
CLELIA FRIELINGSDORF GEB. WALTHER
4-3-1871 + 23-11-1934
MARIA FRIELINGSDORF GEB. HAUSMANN

III. Station.
Jesus fällt zum erstenmal
unter dem Kreuze.
Jesus gravi pondere Crucis oppres
sus, humi procumbit.

V. Station.
Simon von Cyrene hilft
Jesu das Kreuz tragen.

VI. Station.
Veronika reicht Jesu
das Schweißtuch dar.
+ RIGHI SCHWAMMER

KREUZWEGMEDITATION

Für viele Rom-Pilger ist der Friedhof mit seinen eindrücklichen Grabmälern im Campo Santo Teutonico im Vatikan ein besonderer Anziehungspunkt. Er ist ein Ort, an dem die Pilger eingeladen sind, innezuhalten und über das Geheimnis ihres Lebens nachzudenken, zu dem auch die Endlichkeit und Hinfälligkeit gehören.

Beim Beschreiten des Kreuzweges vergegenwärtigen wir uns nicht nur die Station des Leidens- und Kreuzweges Jesu Christi. Wir begegnen vielmehr auch dem Kreuz im eigenen Leben, das jeder Mensch zu tragen hat, wie Jesus es verheißen hat: Wer nicht sein Kreuz trägt und mir nachfolgt, der kann nicht mein Jünger sein (Lk 14,27).
Der Friedhof im Campo Santo weitet (zudem) unseren Blick auf die zahlreichen Kreuze in der heutigen Welt. Er befindet sich an dem Ort, wo im Jahre 67 die ersten Christen, unter ihnen auch Petrus, den Märtyrertod erlitten und ihr Leben für das Bekenntnis zu Jesus Christus hingegeben haben. Dieser Ort macht deshalb (auch) aufmerksam auf die vielen Christen und Christinnen, die in der heutigen Welt ihres Glaubens wegen verfolgt werden. (…) Ihrer zu gedenken und sie im Gebet vor Gott zu tragen, ist eine besondere Einladung, die der heilige Boden des Campo Santo an seine Besucher ausspricht.

Das Kreuz enthält die tröstliche Botschaft, dass Jesus, der in seinem Leiden seinen Vater als abwesend erfährt – Gott, mein Gott, warum hast Du mich verlassen? – zugleich die Erfahrung macht, dass Gott doch, wenn auch verborgen, gegenwärtig ist. Darin besteht der große Trost des Kreuzes Jesu auch für uns Menschen heute, wenn wir Gott als abwesend erfahren. Das Kreuz spricht uns aber die Verheißung zu, dass wir auch in solchen dunklen Nächten Gott als in unserer Not gegenwärtig erfahren dürfen.

Wenn ich im Campo Santo meditierenden Pilgern begegne, kann ich in ihren Augen etwas von diesem Trost des Glaubens wahrnehmen. Der besondere Ort öffnet ihr Herz für die Einsicht, dass ihnen im Kreuz Jesu nicht nur Leiden und Tod begegnen, sondern vor allem auch jene grenzenlose Liebe, die den Tod überwindet, und dass das Erlöst-Werden im Geliebt-Werden besteht. Das Kreuz ist die Erscheinung der größten Liebe des Erlösers. Das Kreuz ist das deutlichste Zeichen dafür, dass Jesus sich nicht mit verbalen Liebeserklärungen an uns Menschen begnügt, sondern selbst einen hohen Preis für seine Liebe bezahlt hat. Er hat am Kreuz in Liebe sein Herzblut für uns Menschen investiert und uns so endgültig angenommen, dass tiefe Freude unser Leben bestimmen kann.

Kardinal Kurt Koch

VI. Station.
Jesus fällt zum zweitenmal
unter dem Kreuze.
DEM ANDENKEN UNSERER
TEUEREN VERSTORBENEN

VIII. Station.
Jesus tröstet die weinenden
Frauen Jerusalems.

Station
Jesus fällt zum drittenmal
unter dem Kreuze

X. Station.
Jesus wird seiner Kleider
beraubt.

XI. Station.
Jesus wird an das Kreuz genagelt.

XII. Station.
Jesus stirbt am Kreuze.
INRI
IOANNIS · BAPT · DE · ANZER · EPISCOPI · TIT · TELEPTENSIS

XIII. Station.
Jesu Leichnam wird vom Kreuze genommen.

XIV. Station.
Jesu Leichnam wird ins Grab gelegt.
Et accepto corpore Joseph involvit illud in sin

Als weiteren plastischen Schmuck besitzt der Campo Santo seit 1886 vier überlebensgroße barocke Marmorstatuen der Kirchenväter (hl. Augustinus, hl. Gregor, hl. Ambrosius, hl. Hieronymus, Zählung von Nord nach Süd). Sie stammen aus der 1887 enteigneten und abgerissenen Kirche der deutschen Bäckerbruderschaft St. Elisabeth, die 1856 mit der Campo Santo-Bruderschaft vereinigt worden war. Die Statuen wurden 1700 von Mitgliedern der Bäckerbruderschaft für deren Kirche gestiftet. Künstlerisch werden sie dem Umkreis des Bildhauers Lorenzo Ottoni zugerechnet.

Der Rundgang über den Friedhof soll mit einem Werk beschlossen werden, das seit 1872 den Eingang schmückt: die zweiflügelige **schmiedeeiserne Tür** (s. a. Abb. auf S. 4 und S. 70). Der Entwurf stammt von Anton de Waal, der im Buch der Wohltäter des Campo Santo die Symbolik der Ornamente eigenhändig festgehalten hat: »unten Dornenkrone, Leid und Not des Erdenlebens, darüber Anker – Hoffnung, oben Tauben, die mit dem Ölzweig des Friedens dem Monogramm Christi zufliegen, denn wir leben in der Zuversicht, dass wir aus dem Leiden dieser Welt durch den Erlösungstod des Herrn zu ewigem Frieden in die Vereinigung mit Gott eingehen werden«. Über die ganze Breite der schmiedeeisernen Tür sind oben die Worte ausgespart:

TEUTONES IN PACE.

△ oben links: Hl. Augustinus
oben rechts: Hl. Gregor

▽ Doppelseite links: Hl. Hieronymus
Doppelseite rechts: Hl. Ambrosius

S·AMBROSIVS

C S
COLLEGIO TEUTONICO

DAS PRIESTERKOLLEG

Dass man auf einem Friedhof wohnen könnte, ist ein ungewöhnlicher Gedanke – sicher nichts für abergläubische Menschen. Aber dass Priester dort seien, um für die Verstorbenen zu beten, leuchtet ein. Jahrhundertelang hat die Erzbruderschaft am Rande ihres Friedhofs der Deutschen und Flamen einfache Pilgerherbergen für Frauen und Männer unterhalten. Im sogenannten Männerhospiz lebten ein oder zwei Kleriker – »Kapläne« –„ die die Gottesdienste für die Pilger und die Toten versahen. Am 21. November 1876 erhielt die Bruderschaft neue Statuten, in denen nun erstmals die Aufgabe formuliert wird, aus den Mitteln der Bruderschaft Kapläne zu fördern, die für einige Zeit aus ihrer Heimat nach Rom kommen, »um sich in den kirchlichen Wissenschaften weiter auszubilden«. Das ist der Beginn der Erfolgsgeschichte des Priesterkollegs am Campo Santo Teutonico, das von Papst Benedikt XVI. am 18. Februar 2010 zum Päpstlichen Priesterkolleg erhoben wurde (siehe unten Seite 109). Noch bis nach dem Zweiten Weltkrieg bestand das Konzept darin, die Geistlichen als an der Kirche angestellte Kapläne aufzufassen und auf diese Weise zu finanzieren. Erst mit der Einführung der Kirchensteuer in Deutschland hat sich dies grundlegend geändert, insofern die Geistlichen sich selbst finanzieren können. Allerdings ist für die nicht-deutschen Kollegiaten ein kirchliches Stipendium nach wie vor unverzichtbar. Zum Erfolg des Kollegs entscheidend beigetragen hat aber die Erzbruderschaft in erster Linie dadurch, dass sie keine Miete verlangt. Die Deutsche Bischofskonferenz gibt einen Betriebskostenzuschuss.

Von der Ursprungsidee her sollte das Priesterkolleg junge Priester für 2–3 Jahre aufnehmen, die sich in Rom in Kirchengeschichte oder christlicher Archäologie fortbilden. Dazu hat das Kolleg schon 1887 eine eigene Fachzeitschrift gegründet: die »Römische Quartalschrift für christliche Altertumskunde und Kirchengeschichte«. Das deutsche Kolleg am Campo Santo Teutonico dürfte damit weltweit das einzige Kolleg mit einer eigenen wissenschaftlichen Zeitschrift sein (sie wird heute zusammen mit dem Römischen Institut der Görres-Gesellschaft herausgegeben).

Tatsächlich hatten bis in die Zeit des Konzils die meisten Professoren für katholische Kirchengeschichte an deutschen Hochschulen und Universitäten einige Jahre im Kolleg verbracht. Es gab aber auch immer schon eine starke Gruppe von Priestern, die in Rom Kirchenrecht studierte, um dann etwa in ihrem Heimatbistum Richter, Offizial oder Generalvikar zu werden. Die Zersplitterung der theologischen Disziplinen seit den 1960er Jahren hat dazu geführt, dass die Kollegiaten heute aus allen möglichen Fachrichtungen kommen. Nach wie vor bleiben sie aber in der Regel nur wenige Jahre. Das Kolleg ist also eine Art Durchlauferhitzer.

◁ »Prälatengang« im Campo Santo Teutonico mit der Porträtgalerie der Rektoren.

Im Laufe der letzten 150 Jahre des Bestehens hat sich die Physiognomie der Hausbewohner stark verändert. Im 19. Jh. gab es etwa 12, seit den 1920er Jahren 20 und mehr Plätze. Die ersten Generationen waren noch vom preußischen Kulturkampf geprägt, also stramm ultramontan. Das entsprach der Linie des Gründungsrektors Anton de Waal († 1917). Mit seinem Nachfolger, dem aus Köln stammenden Rektor Emmerich David, zog in den 1920er Jahren ein liberalerer Geist ein. Seither kamen auch vermehrt nicht-deutsche Priester. Gut vertreten waren über viele Jahrzehnte hinweg Niederländer, in den 1930er Jahren bestand die Hälfte der Hausbewohner aus deutschstämmigen Nordamerikanern. Nach dem Zweiten Weltkrieg kamen viele Iren. Das Zweite Vatikanische Konzil (1962–1965) brachte für das Kolleg einen großen Um- und Aufbruch und eine stärkere Internationalisierung und Modernisierung.

Im Kolleg haben immer auch Kurienmitarbeiter gewohnt. Dazu gehörte Joseph Ratzinger, als er 1982 von Papst Johannes Paul II. zur Leitung der Glaubenskongregation berufen wurde. Während er als Kardinal nur kurz bleiben konnte, verweilen die meisten Kurialen viele Jahre im Haus und lassen so die Kommunität nicht nur an ihrer weltkirchlichen Erfahrung teilhaben, sondern bilden auch ein wichtiges Element der Stabilität. Kurienmitarbeiter müssen viele Sprachen beherrschen und sind daher hoch qualifiziert. Der berühmteste war der irische Priester Hugh O'Flaherty, der während der deutschen Besatzung 1943/44 von seinem Zimmer aus eine Hilfsorganisation leitete, die über 6.000 Verfolgte vor den Nationalsozialisten und Faschisten rettete (siehe unten Seite 115). Im Kolleg lebte auch zeitweise der selige Pater Jordan, Gründer des Salvatorianerordens.

Viele namhafte Wissenschaftler sammelten hier unvergessliche Erfahrungen und bildeten weitgespannte Netzwerke. Um nur einige zu nennen: die Kirchenhistoriker Theodor Klauser, Hubert Jedin, Erwin Iserloh, Arnold Angenendt, Ernst Dassmann und Klaus Ganzer, die Theologen Gottlieb Söhngen, Johannes Emminghaus, Otto Nußbaum und Wilhelm Breuning, die Archäologen Joseph Wilpert, Alfons Maria Schneider und Johannes Kollwitz, die Ortsbischöfe Diarmuid Martin (Dublin), Roland Minnerath (Dijon), Wolfgang Haas (Chur/Vaduz), Karl-Heinz Wiesemann (Speyer), Bertram Meier (Augsburg) und Andrej Saje (Präsident der slowenischen Bischofskonferenz) und die Kurienbischöfe Georg Gänswein und Josef Clemens. Viele Jahre wohnte auch Kardinal Paul Josef Cordes im Kolleg.

Die Leistungsbilanz ist beträchtlich. Hunderte junger, pastoral bewährter Priester und Laien aus Deutschland, Österreich, der Schweiz, aus Liechtenstein, aus den Niederlanden, aus Irland, Italien, Frankreich, Polen, Ungarn, Slowenien, der Slowakei, aus Kroatien, Bosnien und der Herzegowina wurden an einer der Universitäten der Stadt in Philosophie oder Theologie promoviert oder haben sonstige Spezialstudien betrieben.

Bei der Kollegsgründung – lange bevor es Radio und Fernsehen gab – trafen sich die Kollegiaten jeden Samstagabend bei Rotwein und Tabak zu einer sogenannten »Sabbatine«: Einer hielt einen Vortrag, über den dann frei diskutiert wurde. Es war eine Art Seminar. Noch heute gibt es diese hausinternen Samstagabendvorträge, wenn auch seltener. Trotzdem herrscht im Haus eine Atmosphäre emsiger Forschung und wissenschaftlichen Austauschs. Dazu trägt nicht unwesentlich das Römische Institut der Görres-Gesellschaft mit seinen (Laien-)Stipendiaten bei, das seit 1888 im Haus seinen Sitz hat (siehe unten Seite 116–119).

Von den zahlreichen Bischöfen, die zwar nicht als junge Priester im Kolleg waren, aber später dort bei ihren Romaufenthalten bevorzugt gewohnt haben, können nur einige besonders eng dem Haus verbundene Persönlichkeiten herausgegriffen werden: Wilhelm Kempf (Limburg), Franz Hengsbach (Essen), Johannes Degenhardt (Paderborn), Joseph Höffner (Köln), Konrad Zdarsa (Görlitz), Johannes Dyba (Fulda), Joseph Ratzinger (München) und Friedrich Wetter (Speyer/München).

REKTOREN DES KOLLEGS

Die Rektoren der annähernd hundertfünfzigjährigen Kollegsgeschichte sind bald aufgezählt, denn fast die Hälfte dieses Zeitraums nehmen das Rektorat des Gründungsrektors Anton de Waal (1876–1917) und das Rektorat von Erwin Gatz (1975–2010) ein.

Anton de Waal (1876–1917), geboren am 4. Mai 1837 in Emmerich, empfing 1862 die Priesterweihe in Münster und wirkte danach als Lehrer am Collegium Augustinianum Gaesdonck. 1868 wurde de Waal Kaplan an der deutschen Nationalkirche Santa Maria dell'Anima in Rom und wurde 1869 zum Doktor der Theologie promoviert. 1871 wurde er zunächst zum Kaplan am Campo Santo, dann zur Jahreswende 1872/73 zum Rektor der Erzbruderschaft ernannt. Unter seinem Rektorat wurde die Kirche grundlegend renoviert. Das Bruderschafts- und Pilgerhaus wurde 1876 in ein bis heute bestehendes Studienkolleg mit einer Spezialbibliothek umgestaltet. Zugleich wurde im Priesterkolleg durch ihn eine bedeutende Sammlung altchristlicher Kunst begründet, die er der Erzbruderschaft vermachte. Das wissenschaftliche Interesse des engagierten Seelsorgers galt insbesondere der Christlichen Archäologie. U.a. betreute er 1892/93 und 1915 die Ausgrabungen bei der Kirche San Sebastiano an der Via Appia. Als de Waal am 23. Februar 1917 im 80. Lebensjahr starb, zählte das Kolleg nach dem Kriegseintritt Italiens nur noch ein deutschsprachiges Mitglied, den Schweizer Archäologen Paul Styger, der de Waal 1915 bei den Grabungen an San Sebastiano unterstützt hatte. Anton de Waal wurde auf dem Campo Santo Teutonico beigesetzt.

Emmerich David (1920–1930), geboren am 7. Mai 1882 in Gillenfeld, empfing 1905 in Köln die Priesterweihe. 1908 wurde er Kaplan der deutschen Nationalkirche Santa Maria dell'Anima und wurde in dieser Zeit an der Dominikaneruniversität Angelikum zum Doktor in Kirchenrecht promoviert. Von 1910 bis 1912 war er Pfarrer der deutschen Gemeinde in Genua. 1914 wurde er Feldgeistlicher und übernahm 1916 die Seelsorge für die deutschsprachigen Arbeiter der Bagdadbahn in Ankara. Dabei hatte er den Auftrag des Vatikans, den verfolgten und gefährdeten katholischen Armeniern beizustehen. 1919 aus der Türkei ausgewiesen, wurde er Rektor am Campo Santo Teutonico. Da die gesamte Amtszeit Davids von wirtschaftlichen Sorgen überschattet war, gewann er die deutsche Reichsregierung für einen Betriebskostenzuschuss für das Kolleg. Für die Neuinbetriebnahme des Studienkollegs konnte David im Jahre 1920 die Schwestern der Christlichen Liebe aus dem Paderborner Mutterhaus gewinnen. Sie waren nicht nur für die Lebens- und Wohnqualität und geistliche Hausatmosphäre von kaum zu überschätzender Bedeutung, sondern ebenso für das professionelle Management der Haushaltsführung. Der Kölner Erzbischof, Joseph Kardinal Schulte (1920–1941), der Emmerich David nach dessen römischer Mission zu

seinem Generalvikar ernannte, blieb dem Campo Santo zeitlebens durch manche Hilfe verbunden. Diese großherzige Sympathie manifestierte sich auch unter den nachfolgenden Kölner Erzbischöfen, v. a. den Kardinälen Joseph Frings (1942–1969) und Joseph Höffner (1969–1987). In Davids Rektoratszeit fällt der Abschluss der Lateranverträge vom 11. Februar 1929 mit den Bestimmungen über die Gründung des souveränen Vatikanstaates. Im Zuge dieser Neuordnung wurden der Campo Santo wie auch das Gebäude der Glaubenskongregation zwar nicht der Vatikanstadt zugeschlagen, erhielten aber das Privileg der Exterritorialität.

Hermann Stoeckle (1931–1954), geboren am 9. Mai 1888 in Bayreuth, war Münchener Diözesanpriester. Sein Rektorat fiel in die Zeit des Faschismus und Nationalsozialismus. Große Verdienste erwarb sich Stoeckle, indem er besonders während der Kriegsjahre vielen politisch Gefährdeten und Verfolgten die Zuflucht in dem exterritorialen Gebäudekomplex gewährte und das Engagement von Mons. Hugh O'Flaherty mit unterstützte. Dieser irische Priester wohnte im Kolleg und half während der deutschen Besatzung Roms 1943/44 Tausenden von Flüchtlingen (s. a. S. 111). Die ständige Sorge um den wirtschaftlichen Erhalt, aber auch die Wirtschaftskrise im Deutschen Reich behinderten sein Engagement um den wissenschaftlichen Fortbestand des Hauses. Weil die wirtschaftliche Situation den Rektor zwang, möglichst alle Kollegsplätze zu besetzen, stellten Geistliche aus den USA, Kanada, England, Irland, Neuseeland und Australien bis 1940 einen ansehnlichen Anteil der Kommunität. Unter den Deutschsprachigen waren immer Schweizer, aber kaum Österreicher und Luxemburger vertreten. Nach der Eröffnung eines holländischen Priesterkollegs im Jahre 1931 gab es nur noch vereinzelt niederländische Kollegiaten am Campo Santo. Mit der Internationalisierung des Hauses ging das Bemühen einher, die deutsche Sprache als Kollegssprache zu erhalten. So wurden die traditionellen Sabbatinen stets in deutscher Sprache vorgetragen. Allerdings begann sich das Schwergewicht der wissenschaftlichen Disziplinen zu verschieben. Hatte Anton de Waal das Kolleg 1876 für Studierende gegründet, die sich vornehmlich zur Vertiefung in Christlicher Archäologie und Kirchengeschichte in Rom aufhielten, wurde jetzt nahezu das ganze Spektrum theologischer Fächer und das Kirchenrecht von den Kollegiaten abgedeckt. Am 11. Mai 1954 wurde Stoeckle zum Kanoniker an St. Peter ernannt. Er starb am 12. März 1972 und wurde auf dem Campo Santo Teutonico begraben.

August Schuchert (1954–1961), geboren am 5. Juli 1900 in Mainz, war bereits als Studierender am Päpstlichen Institut für Christliche Archäologie von 1930 bis 1933 Mitglied des Priesterkollegs. Durch seinen Werdegang verkörperte Schuchert eine glückliche Synthese von Seelsorge und wissenschaftlicher Tätigkeit. Sein Einsatz galt neben der Revitalisierung der Erzbruderschaft, die seit 1943 keine neuen Mitglieder mehr aufgenommen hatte, der drohenden Auflösung des Studienkollegs. Ein Höhepunkt im Rektorat Schucherts war der Besuch des ersten Präsidenten der Bundesrepublik Deutschland, Theodor Heuss, am 28. November 1957 anlässlich eines Staatsbesuchs im Vatikan. Bei dieser Gelegenheit stiftete die Bundesrepublik ein Bronzeportal für die Kirche. 1958 veröffentlichte Schuchert einen Kunstführer, in dem er das reiche geschichtliche Erbe der Stiftung einer großen Öffentlichkeit eröffnete. Während sich die Bruderschaft zum

Ende seines Rektorats als zu neuem Leben erstandene Gemeinschaft präsentieren konnte, musste er hinsichtlich des Kollges beklagen: »Wir sind in der Gefahr, aus einem wissenschaftlichen Kolleg eine internationale Fremdenpension zu werden.« Die von ihm im Jahre 1959 initiierten Studientagungen für Religionslehrer höherer Schulen – eine Innovation, die nach seinem Tode unter dem Direktorat des Römischen Instituts der Görres-Gesellschaft fortgesetzt wurde – erwiesen sich dagegen als ein großer Erfolg. Unermüdlich war Schucherts Engagement zur baulichen Erneuerung des Campo Santo. Als endlich Ende 1961 die Durchführung der Totalsanierung von den Entscheidungsgremien akzeptiert worden war, erlitt er völlig überraschend einen Schlaganfall, an dessen Folgen er am 24. Mai 1962 in seiner Heimat verstarb.

Johannes Emil Gugumus (1963–1970), geboren am 13. Dezember 1910 in Ludwigshafen am Rhein, empfing 1935 in Speyer die Priesterweihe. 1949 promovierte er in Heidelberg. Im Oktober 1963 wurde Gugumus zum Rektor ernannt. Mit dem Um- und Neubau des Kollegs war aber bereits im Juni 1962 begonnen worden. Die Erzbruderschaft befand sich bei seinem Amtsantritt in einer ernsten Situation, denn die finanziellen Mittel (die Bischofskonferenz hatte einen Kostenzuschuss von 1,2 Millionen Deutsche Mark bereits angewiesen) waren verbraucht, ohne dass ein Ende der Arbeiten in Sicht war. Nachdem das Kolleg mittlerweile seinen Charakter als wissenschaftliche Begegnungsstätte weithin verloren hatte und viele an einer Aktivierung des Studienkollegs zweifelten, – mittlerweile auch der dem Campo Santo stets zugetane Kölner Kardinal Joseph Frings –, war die finanzielle Lage dermaßen fatal, dass die Erzbruderschaft eines ihrer letzten Wohnhäuser in der Stadt verkaufte. Ihr gesamtes Bargeld und alle Wertpapiere waren für den Neubau des Kollegs bereits verausgabt. Zur Unterstützung und Förderung des Kollegs wurde schließlich im Jahre 1968 ein »Verein der Freunde und Förderer« des Campo Santo gegründet. Obwohl Gugumus die Verwaltung bestens geordnet hatte, lernte er nur schwer, sich auf dem römischen Parkett zu bewegen. Sein Einsatz für das Kolleg war unermüdlich. Eine kleine Pressuregroup unter der Leitung seines von ihm bestellten Vizerektors sollte ihm, wie später auch seinem Nachfolger, zum Verhängnis werden. Der Vizerektor spielte den immer mehr geschwächten Rektor raffiniert an die Wand und schaltete ihn aus. Nach diesem Autoritätsverlust bat ihn der Münchener Erzbischof, Julius Kardinal Döpfner,

in seiner Eigenschaft als Vorsitzender der Bischofskonferenz im April 1970, auf sein Amt zu verzichten. Er wurde schließlich Leiter des Bistumsarchivs in Speyer und starb am 1. Januar 1979.
(Porträt: 1967 wurde Gugumus in Rom in den Ritterorden vom Heiligen Grab zu Jerusalem investiert)

Bernhard Hanssler (1970–1974), geboren am 23. März 1907 in Tafern bei Wilhelmsdorf (Württemberg), konnte anders als noch sein Vorgänger ohne lange Vakanz von der Bischofskonferenz zum Rektor ernannt werden. Hanssler war der Begründer des Cusanuswerks, der Studienförderung der Deutschen Bischöfe, dem er als erster Geschäftsführer ab 1956 vorstand. Von 1957 bis 1970 war Hanssler geistlicher Direktor des Zentralkomitees der deutschen Katholiken. Der nach den Studentenrevolten von 1968 in Schwierigkeiten geratene hochverdiente und hochbegabte Prälat zeigte allerdings als Rektor zu wenig Interesse an der Verwaltung und überließ die Leitung – ebenso wie schon sein Vorgänger – immer mehr seinem strebsamen Vizerektor. Hansslers nur knapp vierjähriges Rektorat ist belastet von einem selbstherrlichen Umgang mit Kunstgütern des Campo Santo, die er – ohne jede persönliche Bereicherung und unter Einfluss seines Vizerektors in Zeiten großer Finanznot und in Unkenntnis ihres eigentlichen Wertes – angeblichen Wohltätern schenkte. Nach Publikwerden dieses Gebarens nahm Julius Kardinal Döpfner das Rücktrittsgesuch des Rektors im Juli 1974 an. Ungeachtet dieser römischen Affäre bleibt Bernhard Hanssler eine der herausragenden Gestalten des deutschen Katholizismus des 20. Jahrhunderts. In einem Roman des Schriftstellers Heinrich Böll wurde Hanssler unter dem Namen »Pfarrer Sommerwild« karikiert. Er starb am 11. August 2005 in Stuttgart.

Erwin Gatz (1975–2010), geboren am 4. Mai 1933 in Aachen, wurde am 23. Februar 1975 als Rektor des Priesterkollegs und der Erzbruderschaft eingeführt. Der Aachener Diözesanpriester war 1961 mit einer Arbeit bei Hubert Jedin im Fach Kirchengeschichte promoviert worden und hatte sich 1971 habilitiert. Am 7. Dezember 1975 wurde der neue Altar in der radikal sanierten Kirche von Julius Kardinal Döpfner konsekriert. Nachdem damit die seit Juni 1962 ununterbrochenen Bauarbeiten zum feierlichen Abschluss gekommen waren, konnte sich der neue Rektor ganz der inneren Erneuerung der Institutionen am Campo Santo widmen. Das hundertjährige Bestehen des Priesterkollegs 1976 wurde mit wissenschaftlichen Vorträgen gefeiert; Papst Paul VI. empfing eine große Delegation anlässlich dieses Jubiläums und ernannte Gatz

kurzerhand zum Päpstlichen Ehrenprälaten. Mit dem Rektorat Gatz wurde das wissenschaftliche Studienkolleg zu neuer Blüte geführt. Während seiner Amtszeit wurden über 100 Mitglieder des Kollegs promoviert. In Personalunion leitete er das Römische Institut der Görres-Gesellschaft. Erwin Gatz hinterließ ein beeindruckendes wissenschaftliches Lebenswerk. Vielen Rombesuchern wurde er durch seinen Führer »Roma Christiana« zum Begleiter. Sein Grab befindet sich auf dem Campo Santo Teutonico unweit des Kircheneingangs.

Hans-Peter Fischer (2012–2022), geboren am 10. Juli 1961 in Freiburg i. Br., wurde am 8. Dezember 2010 als Rektor des Priesterkollegs und der Erzbruderschaft eingeführt. Der Freiburger Diözesanpriester wurde 1995 im Fach Kirchengeschichte promoviert und war anschließend in der Seelsorge tätig. Nach kirchenrechtlichen Studien war Fischer Richter an den Diözesangerichten in München und in Freiburg und ab 2002 Stadtpfarrer von Donaueschingen. Seit 2017 war Fischer zugleich Richter an der Römischen Rota. Eine schwere Herausforderung seiner Amtszeit war die Corona-Krise. Sein Wirken galt ferner einer künftigen Generalsanierung des Campo Santo Teutonico. Die drei historischen Glocken auf dem Türmchen brachte er wieder in Schwung: als Zeichen des Dreiklangs von Erzbruderschaft, Kolleg und Görres-Institut. Auch das symbolträchtige Majolikabild Karls des Großen an der Fassade des Campo Santo – mit der in Latein gefassten Schrift »Karl der Große hat mich gegründet« – wurde unter ihm restauriert.

Konrad Bestle (2023–2024), geboren am 24. Mai 1984 in Krumbach (Schwaben) wurde am 31. Januar 2023 zum Rektor des Priesterkollegs und der Erzbruderschaft ernannt und am 19. März 2023 eingeführt. Wie schon Anton de Waal und Emmerich David vor ihrer Berufung ins Rektorat Mitglieder des Priesterkollegs der Anima waren, so war auch Bestle seit 2018 an der Deutschsprachigen Gemeinde Santa Maria dell'Anima tätig, wo er als Kurat und daneben als Religionslehrer an der Deutschen Schule Rom wirkte. Herausragendster Gast im Campo Santo Teutonico während seiner Amtszeit war Bundeskanzler Olaf Scholz. Ebenso Aufmerksamkeit erhielten die Beisetzungen des deutschen Kurienkardinals Karl-Josef Rauber sowie des deutschen Obdachlosen Burkhard Scheffler. Auf eigenen Wunsch wurde Bestle zum 31. März 2024 für den Seelsorgsdienst in seinem Heimatbistum Augsburg zurückberufen.

KOLLEGSWAPPEN

Am 14. September 2014 wurde das neue Kollegswappen präsentiert.

Auf der Grundlage des vormaligen Wappens mit der heraldischen Darstellung des Kalvarienberges mit dem Kreuz Jesu und den Buchstaben C für Campo und S für Santo wurde der Stern – Verweis auf Maria, *maris stella*, den Meeresstern – hinzugefügt. Im Hinblick auf die nach der Schmerzhaften Mutter Gottes benannte Bruderschaftskirche steht der Stern auf rotem Grund, der Farbe des Schmerzes, aber auch des Martyriums.

Bereits anlässlich der Feier des 50. Priesterjubiläums des langjährigen Rektors, Prälat Prof. Dr. Erwin Gatz, wurde das altehrwürdige Priesterkolleg mit Urkunde vom 18. Februar 2010 zum Päpstlichen Kolleg erhoben.

△ Kollegswappen neben der Eingangstür zum Kollegsgebäude.

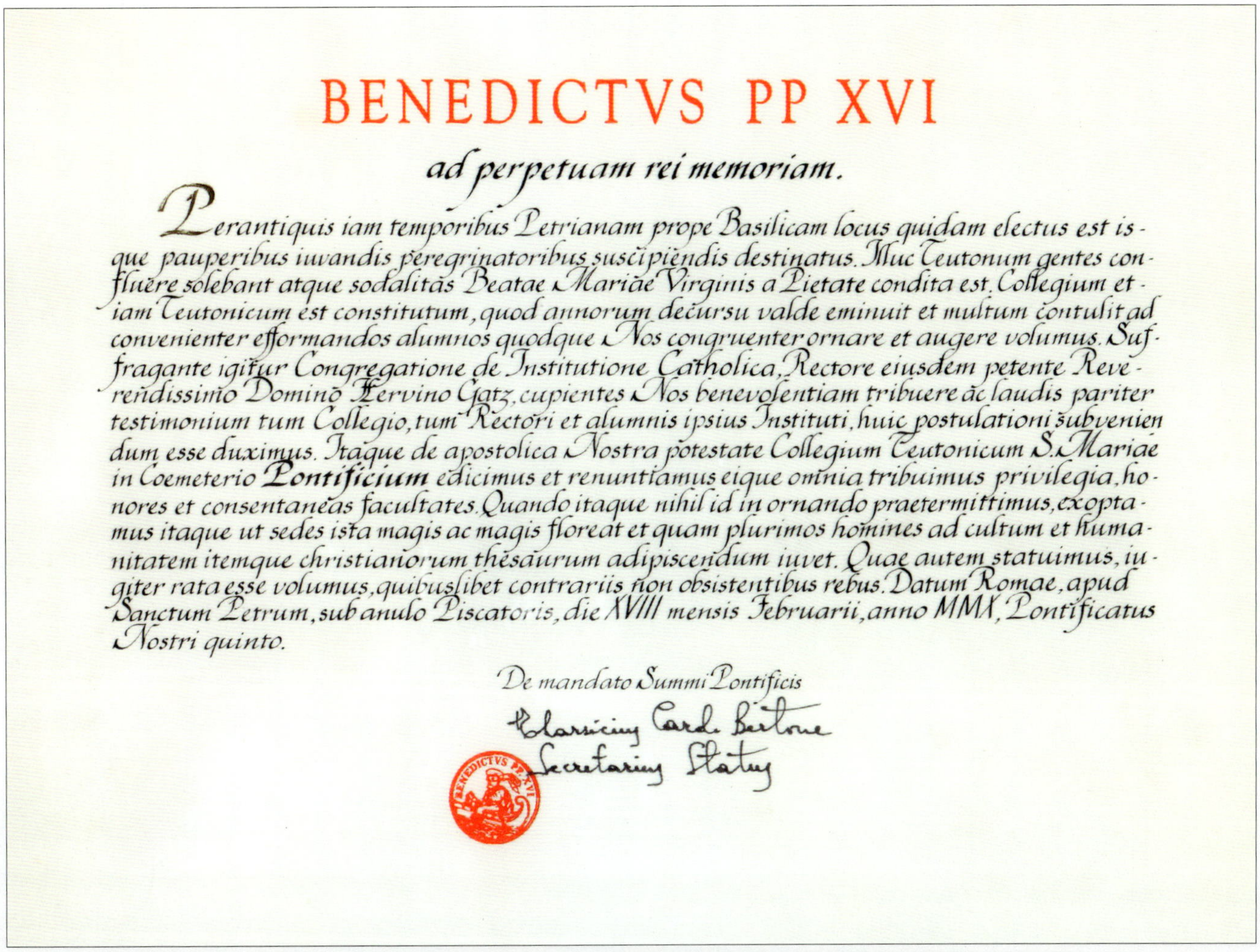

BENEDICTVS PP XVI

ad perpetuam rei memoriam.

Perantiquis iam temporibus Petrianam prope Basilicam locus quidam electus est isque pauperibus iuvandis peregrinatoribus suscipiendis destinatus. Huc Teutonum gentes confluere solebant atque sodalitas Beatae Mariae Virginis a Pietate condita est. Collegium etiam Teutonicum est constitutum, quod annorum decursu valde eminuit et multum contulit ad convenienter efformandos alumnos quodque Nos congruenter ornare et augere volumus. Suffragante igitur Congregatione de Institutione Catholica, Rectore eiusdem petente Reverendissimo Domino Ervino Gatz, cupientes Nos benevolentiam tribuere ac laudis pariter testimonium tum Collegio, tum Rectori et alumnis ipsius Instituti, huic postulationi subveniendum esse duximus. Itaque de apostolica Nostra potestate Collegium Teutonicum S. Mariae in Coemeterio **Pontificium** edicimus et renuntiamus eique omnia tribuimus privilegia, honores et consentaneas facultates. Quando itaque nihil id in ornando praetermittimus, exoptamus itaque ut sedes ista magis ac magis floreat et quam plurimos homines ad cultum et humanitatem itemque christianorum thesaurum adipiscendum iuvet. Quae autem statuimus, iugiter rata esse volumus, quibuslibet contrariis non obsistentibus rebus. Datum Romae, apud Sanctum Petrum, sub anulo Piscatoris, die XVIII mensis Februarii, anno MMX, Pontificatus Nostri quinto.

De mandato Summi Pontificis

Tarcisius Card. Bertone
Secretarius Status

BENEDICTVS PP XVI

ERHEBUNG DES PRIESTERKOLLEGS ZUM PÄPSTLICHEN KOLLEG MIT URKUNDE VOM 18. FEBRUAR 2010

Übersetzung des lateinisch gefassten Textes in Auszügen

»Papst Benedikt XVI. zum ewigen Gedenken. Schon zu uralten Zeiten wurde neben der Petersbasilika ein Ort erwählt und zur Hilfe der Armen und zur Aufnahme von Pilgern bestimmt. Dort pflegten die Deutschen zusammenzukommen und dort wurde die Bruderschaft zur Schmerzhaften Mutter Gottes gegründet. Dort wurde auch das Deutsche Kolleg errichtet, das im Lauf der Jahre sich sehr hervorgetan und viel zur angemessenen Ausbildung der Alumnen beigetragen hat. Dieses Kolleg wollen wir auszeichnen und fördern:
Kraft Unserer Apostolischen Vollmacht verfügen und verkündigen Wir daher das Deutsche Kolleg zu Sankt Marien beim Camposanto als PÄPSTLICH und erteilen ihm alle Privilegien, Ehren und Rechte. Da Wir also nichts unterließen, um es auszuzeichnen, wünschen Wir ebenso, dass dieser Ort immer mehr blühen und möglichst vielen Menschen helfen möge, Kultur und menschliche Bildung wie auch christliches Glaubensgut zu erwerben. Was Wir aber beschlossen haben, wollen Wir, dass es immerdar gültig ist, wider alles Entgegenstehende.
Gegeben zu Rom, bei St. Peter, unter dem Fischerring, am 18. Februar 2010,
im fünften Jahr Unseres Pontifikates.«

ORDENSSCHWESTERN

Die hauswirtschaftliche Leitung des Kollegs und die Betreuung von Kirche und Sakristei lagen von 1920 bis 2013 in den Händen der »Schwestern der Christlichen Liebe« (Mallinckrodt-Schwestern). Am 1. Dezember 2013 übernahmen die »Schwestern vom Göttlichen Erlöser« (Niederbronner Schwestern) diese wichtige Aufgabe, seit dem 1. April 2021 führen die Schwestern der rumänischen Kongregation »Ancelle di Cristo Sommo Sacerdote« diese Arbeit fort. Die Präsenz von Ordensschwestern ist von großer Bedeutung nicht nur für die Mitglieder des Priesterkollegs, der Erzbruderschaft und des Römischen Instituts der Görres-Gesellschaft, sondern ebenso für die zahlreichen Gäste und Pilgergruppen.

Am 8. Mai 2016 wurde am Campo Santo Teutonico für den mutigen Menschenretter Hugh O'Flaherty eine Gedenktafel angebracht. Der irische Monsignore, der in den Jahren 1943/44 Tausenden von Verfolgten der damals in Rom herrschenden Nazis zur Seite stand, wohnte während des Zweiten Weltkriegs im Priesterkolleg und nutzte die exterritoriale Lage als Sitz seiner Hilfsorganisation. Seit den 1930er Jahren gibt es eine Präsenz von irischen Priestern im Kolleg.

△ »Sabbatine« mit Erzbischof Koch aus Berlin im Kapitelsaal.

△ Gedenktafel an Monsignore O'Flaherty.

◁ Loggia des Speisesaals, Gästebereich.
◁ Empfangssaal »Carlo Magno«.

Römisches Institut der Görres-Gesellschaft

DAS RÖMISCHE INSTITUT DER GÖRRES-GESELLSCHAFT

Das Priesterkolleg am Campo Santo Teutonico ist wohl das einzige Kolleg dieser Art in der Welt, das eine eigene wissenschaftliche Zeitschrift herausgibt, und zwar nun schon seit 1887: die »Römische Quartalschrift für Christliche Altertumskunde und Kirchengeschichte«. Ein Jahr später, 1888, wurde am Kolleg die Historische Station der Görres-Gesellschaft gegründet: das heutige »Römische Institut der Görres-Gesellschaft«. Es ist eine Forschungseinrichtung für historische und archäologische Studien. Das Römische Institut ist das älteste und renommierteste Auslandsinstitut der »Görres-Gesellschaft zur Förderung der Wissenschaft«, die derzeit ihren Sitz in Bonn hat.

Dank des Römischen Instituts hat sich der Campo Santo Teutonico zu einer international bekannten Wissenschaftseinrichtung entwickelt. Die meisten Mitglieder des Instituts waren zeitweise auch Kollegiaten, viele wurden zudem Mitglieder der Erzbruderschaft. Die Symbiose aus Bruderschaft, Kolleg und Görresianern ist typisch für den Campo Santo Teutonico und seine Vitalität. Zahlreiche Karrieren von Priestern und Wissenschaftlern wurden hier geprägt und freundschaftliche wie fachliche Netzwerke geschaffen, die sich über ganz Europa spannen. Seit der Jahrhundertwende bis zum Zweiten Vatikanischen Konzil waren praktisch alle katholischen Professoren für Kirchengeschichte und Christliche Archäologie in den deutschsprachigen Ländern irgendwie mit dem Campo Santo verbunden.

Die Görres-Gesellschaft als Trägerin des Römischen Instituts wurde 1876 als Selbsthilfeorganisation diskriminierter Katholiken gegründet, denen es während des preußischen Kulturkampfs verwehrt wurde, beamtete Professoren zu werden, gleich welcher Fachrichtung sie angehörten. Die katholischen Intellektuellen schlossen sich deshalb in der Görres-Gesellschaft zu einer Art Wanderuniversität zusammen, die auf den jährlichen Generalversammlungen in Erscheinung trat. Sie gründeten ihre eigenen Fachzeitschriften, weil sie in den protestantisch dominierten Blättern nicht publizieren durften. 1941 wurde die Görres-Gesellschaft von den Nationalsozialisten unterdrückt, konnte aber 1948 wiedergegründet werden. Bis heute ist die Görres-Gesellschaft vom Ethos der Selbsthilfe, der Subsidiarität, der politischen Unbestechlichkeit, der Berufs- und Meinungsfreiheit geprägt.

Bis zum Zweiten Weltkrieg war das Römische Institut eine reine Forschungseinrichtung ohne Öffentlichkeitsarbeit. Es ging darum, die Archivbestände des Vatikanischen Geheimarchivs, die seit 1881 der Öffentlichkeit zugänglich waren, mit Blick auf die deutsche Kirchengeschichte auszuwerten. Seither liegt der Schwerpunkt des Instituts auf der Erforschung der Kirchengeschichte und Christlichen Archäologie. Besondere Forschungsgebiete sind die Papst- und Konziliengeschichte.

Zu Beginn wurden wichtige Projekte angestoßen, die heute nach etwa einem Jahrhundert weitgehend abgeschlossen sind. Zu nennen sind die vielbändigen

Editionen der Kameralakten des Avignonesischen Papsttums, der Akten der Kölner Nuntiatur und der Akten des Konzils von Trient (1545–1563). Es handelt sich um Standardwerke der historischen Forschung. Leistungsträger waren auf diesem Gebiet neben vielen anderen der Institutsgründer Johann Peter Kirsch (1888–1890, erneut 1926–1938), Direktor Stephan Ehses (1895–1926), Sebastian Merkle, Hubert Jedin und Klaus Ganzer.

Nach dem Zweiten Weltkrieg hat sich die Arbeit intensiviert, aber auch verlagert. Seit 1953 gibt das Priesterkolleg die erwähnte »Römische Quartalschrift« zusammen mit dem Römischen Institut heraus, das die Hauptverantwortung trägt. Diese Zeitschrift ist das wissenschaftliche Flaggschiff und genießt international optimale Wertungen. Langfristige Editionsprojekte werden zurückgestellt, dafür tritt das Institut durch monatliche Vorträge stärker an die Öffentlichkeit. Neuen Schwung brachte nach dem Krieg der Kölner Jesuit Engelbert Kirschbaum als Direktor (1949–1959); er war durch die Grabungen am Petrusgrab weltbekannt geworden. Unter dem Direktor Ludwig Voelkl (1959–1971) kam es in Zeiten wirtschaftlicher Prosperität zu einem Professionalisierungsschub in der Bibliothek und beim Aufbau einer Photothek. Jetzt wurden regelmäßig Exkursionen organisiert, wozu ein eigener VW-Bus zur Verfügung stand. Damals wurden auch gemeinsam mit dem Kolleg Romseminare für Religionslehrer durchgeführt.

ISSN 0035-7812

RÖMISCHE QUARTALSCHRIFT

für Christliche Altertumskunde und Kirchengeschichte

IM AUFTRAG

des Priesterkollegs am Campo Santo Teutonico in Rom
und des Römischen Instituts der Görres-Gesellschaft

IN VERBINDUNG MIT

Jörg Bölling, Thomas Brechenmacher,
Jutta Dresken-Weiland, Michael Durst, Bernd Engler,
Britta Kägler und Andreas Sohn

HERAUSGEGEBEN VON

Konrad Bestle, Dominik Burkard
und Stefan Heid

BAND 118, HEFT 3–4

2023

HERDER

ROM FREIBURG WIEN

Seit der Mitte der 1970er Jahre wurde das Institut vom langjährigen Kollegsrektor Erwin Gatz (1975–2010), der in Personalunion das Institut leitete, geprägt. Im Fahrwasser seiner großen Handbücher, Lexika und Atlaswerke machte er das Institut zu einer Drehscheibe kooperativer Forschungsprojekte über die Bistümer und ihre Bischöfe, die nationale und globale Kirchengeschichte und die Katholizismusforschung. Die von ihm betreuten Standardwerke stehen heute in jeder namhaften Bibliothek.

Rom bietet eine unvergleichliche Ansammlung internationaler Wissenschaftseinrichtungen. Das Görres-Institut ist also nicht isoliert, sondern steht in ständigem Austausch. Aktuell sind 38 historisch-archäologische Nationalinstitute im Dachverband der »Unione« zusammengeschlossen. Das Görres-Institut gehört zu den Kleinsten, weil es keine Staatsfinanzierung genießt. Der Direktor initiiert alle wissenschaftlichen Aktivitäten, verantwortet die »Römische Quartalschrift« und verwaltet die öffentliche Hausbibliothek. Ferner arbeiten zwei bis drei Assistenten an ihrer Promotion. Alles das kann allein aufgrund privater Gelder und Spenden realisiert werden, wobei die Görres-Gesellschaft, das Kolleg und die Erzbruderschaft die Hauptlast tragen. Ein großer Vorteil des Römischen Instituts ist – und darin unterscheidet es sich von allen anderen Auslandsinstituten –, dass es gesellschaftlich organisiert ist, das heißt alle (derzeit etwa 250) Mitglieder der Görres-Gesellschaft mit Wohnsitz in Italien gehören ihm an. Hinzu kommen die 2.600 Mitglieder der Gesellschaft vor allem in Deutschland. Besonders den Jungakademikern und Professoren unter ihnen steht das Institut zur Verfügung. Dadurch trocknet es geistig nicht aus und bleibt in Tuchfühlung mit der aktuellen Forschung auch außerhalb Italiens.

Die jüngste Gemeinschaftsinitiative des Kollegs und Instituts ist die Einrichtung der »Römischen Bibliothek Joseph Ratzinger / Benedikt XVI.« mit Hilfe der Vatikanischen Stiftung Joseph Ratzinger / Benedikt XVI. (siehe Seite 122). Damit wird der Forschungsschwerpunkt des Instituts – Papst- und Konziliengeschichte – gestärkt. Joseph Ratzinger trat bereits als junger Professor in die Görres-Gesellschaft ein und war somit ihr prominentestes Mitglied. Am 30. Oktober 1982, kaum Präfekt der Glaubenskongregation geworden, hielt er am Römischen Institut den Vortrag »Der katholisch-anglikanische Dialog: Probleme und Hoffnungen«. Bis heute ist er engstens mit dem Campo Santo Teutonico verbunden. Die Bibliothek soll Forschern aller Sprachen ermöglichen, die Werke Ratzingers/Benedikts XVI. und sämtliche Literatur über ihn zu studieren.

Teresa Lohr
Die Kirche
Santa Maria della Pietà
am Campo
Santo Teutonico
HERDER

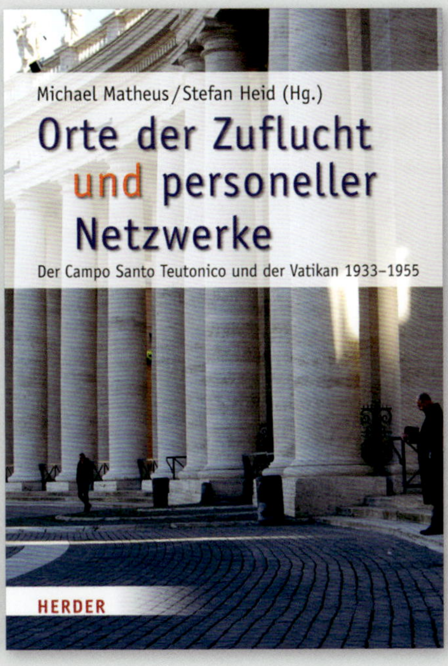

Michael Matheus/Stefan Heid (Hg.)
Orte der Zuflucht und personeller Netzwerke
Der Campo Santo Teutonico und der Vatikan 1933–1955
HERDER

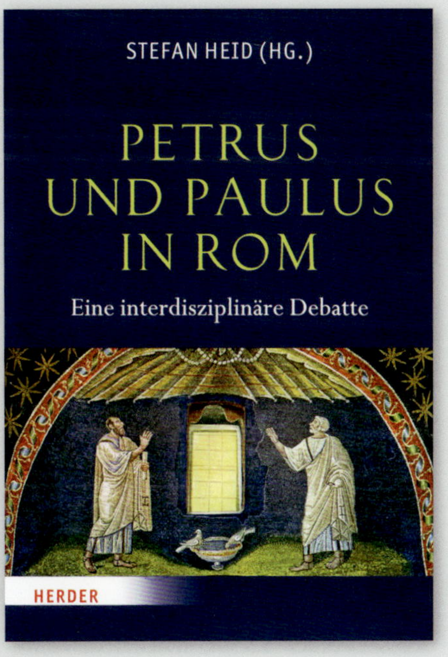

DER CAMPO SANTO TEUTONICO UND PAPST BENEDIKT XVI.

Joseph Ratzinger / Papst Benedikt XVI. ist dem Campo Santo und den ihn tragenden Institutionen eng verbunden. Nicht nur hat er zu Beginn seiner römischen Tätigkeit einige Monate im Priesterkolleg gewohnt, sondern er ist auch bald der Bruderschaft beigetreten. Bei zahlreichen Bruderschaftsfesten hat er der Liturgie vorgestanden und seine eindrucksvollen Predigten gehalten. Weithin bekannt waren seine wöchentlichen Frühmessen am Donnerstag, die auch zahlreiche Pilger besuchten und die er bis zu seiner Wahl zum Papst über 20 Jahre lang zelebriert hat.

Anlässlich seines offiziellen Besuches im Campo Santo Teutonico am 24. Mai 2005, nur einen Monat nach seiner Wahl zum Papst, hat er diese enge Verbindung mit eigenen Worten so ausgedrückt:

»Als ich im November 1981 zum Präfekten der Glaubenskongregation ernannt war und dann im Februar mein Amt praktisch übernehmen konnte, habe ich die ersten Monate hier gewohnt. Es ist eine schöne Erinnerung, zum einen weil es wie eine Rückkehr in meine Jugend war, wieder einfach in einem Zimmer zu wohnen, nur mit dem Nötigsten um sich herum, wieder von vorne und frisch beginnen. Aber eine schöne Erinnerung vor allem dadurch, dass diese Gemeinschaft des Priesterkollegs diese Kirche und dieses Haus als lebendiges Haus Gottes und so als rechtes Haus der Menschen hält. Und dann bin ich selbstverständlich der Bruderschaft begegnet. [...] und so bin ich ihr mit großer Selbstverständlichkeit beigetreten und freue mich, dass ich auf diese Weise sozusagen allen Dimensionen der Gemeinschaft des Campo Santo Teutonico zugehören darf.

[...] Ich möchte der Bruderschaft dafür danken, dass sie dieses lebendige Haus ist, das dieses Kolleg von innen her unterhält, trägt, und möchte natürlich dem Priesterkolleg meine Dankbarkeit aussprechen, dass mir damals diese Gemeinschaft geschenkt wurde, die seither geblieben ist. Immer wieder durfte ich hier die heilige Messe feiern und dabei immer wieder Pilgern aus allen Teilen Deutschlands begegnen und so auch die Gemeinschaft mit der Heimat geistlich und menschlich pflegen.

Ich finde es sehr wichtig, dass hier Priestergemeinschaft und wissenschaftliche Arbeit ineinandergehen, dass gerade historische Arbeit geleistet wird. Die Erneuerung der Theologie im 20. Jahrhundert, die sich im II. Vaticanum konkretisiert hat, kam ja aus einem neuen Studium der Väter, aus einer neuen Zuwendung zu den lebendigen Wurzeln, die uns tragen, zu der ursprünglichen Rezeption des Glaubens, die dann immer wieder befruchtend weiter einwirkt. Nur wenn wir von den Wurzeln leben, können auch die Bäume wachsen und Frucht tragen. Und so gilt mein Dank auch dem Institut der Görres-Gesellschaft, der ich in der Tat seit meinen frühen Freisinger Jahren, also seit den 50er Jahren, zugehören darf.«

(Festschrift, S. 35-36)

◁ Papst Benedikt XVI. beim Verlassen des Campo Santo durch den früheren Hauptzugang an der ehemaligen Via Teutonica. Das Türgewände stammt aus dem ausgehenden 17. Jh.

A·D M·S·91

Der Besuch des Papstes war mit einer deutschen Maiandacht verbunden, bei der Benedikt XVI. mit Blick auf das Altarbild und die alte Marienikone, die alljährlich im Mai in der Kirche verehrt wird, sagte:

> »Während wir hier das Bild der Schmerzhaften Mutter in der Friedhofskirche vor uns sehen, schauen wir in der Maiandacht hin auf Maria, die immer jugendliche Jungfrau. Und wir erfahren und bedenken dabei, dass sie deswegen immer jung bleibt und immer wieder neu jung vor den Menschen steht, weil sie aus der Ewigkeit Gottes lebt, die den Quell allen Lebens bildet. Und so lädt sie uns ein, gleichsam an diesen Quell zu gehen, der uns immer wieder verjüngt, der die Kirche verjüngt und der die Menschheit verjüngt.«
>
> (Festschrift, S. 37)

Bei dem Bild handelt es sich um die **»Madonna Santissima del Bel Riguardo«,** die »Mildschauende Muttergottes«, auch genannt, die Muttergottes mit dem schönen Blick. Die auf Holz geschriebene Ikone ist nicht datierbar. Allerdings verweist der signierte Rahmen auf das Jahr 1591 und lässt vermuten, dass es sich um ein jahrhundertelang in der Kirche am Campo Santo Teutonico gläubig verehrtes Wallfahrtsbild handelt. Die Piemontesen, die diese Madonna wie eine gleiche in Frassinetto in der Provinz Turin verehrten, sorgten lange Zeit für den Schmuck dieses Bildes und erbaten 1626 unter Hinweis auf frühere Privilegien von der Erzbruderschaft das Recht, in der Kirche Gottesdienste zu halten und ihre Toten auf dem Friedhof zu bestatten, was ihnen auch gewährt wurde. In der dem Bild aufgesetzten Lünette erscheint Christus als Weltenrichter in der Wolke des Himmels. Der den Kreuznimbus tragende Pantokrator hält in seiner Linken den Reichsapfel und segnet mit seiner Rechten.

(Hagedorn: Postbyzantinische Ikonen im Campo Santo Teutonico, in: RQ Suppl. 35, 1977 [Kat. 19]).

▽ Papst Benedikt XVI. während der Maiandacht am 24. Mai 2005.

Auch nach seinem Amtsverzicht hat Papst Benedikt XVI. weiterhin Kontakt zum Campo Santo Teutonico, wo er gelegentlich auch den Gottesdienst hält, z. B. in Zusammenhang mit seinen traditionell im Spätsommer stattfindenden »Schülerkreistreffen«. Anlässlich eines solchen Treffens wurde am 30. August 2015 die Aula am Campo Santo in »Aula Papst Benedikt / Joseph Ratzinger« umbenannt und vom Papst emeritus persönlich gesegnet. Erzbruderschaft, Priesterkolleg und Römisches Institut der Görres-Gesellschaft haben die enge Verbindung des Papstes mit dem Campo Santo Teutonico auch auf diese Weise sichtbar gemacht.

△ Begrüßung des Papstes durch den Rektor Hans-Peter Fischer anlässlich der Einweihung der Benedikt-Aula.

▷ Gottesdienst während des Schülerkreistreffens am 30. August 2015.

▷ Segnung der Benedikt-Aula durch Papst Benedikt XVI., im Beisein des Camerlengo Aldo Parmeggiani, des Rektors Hans-Peter Fischer und des Erzbischofs Georg Gänswein.

▷ Teilnehmer des Schülerkreistreffens und weitere Gäste anlässlich der Einweihung der Benedikt-Aula, u.a. Kardinal Koch, Dr. Schaller, stellv. Leiter des Instituts Papst Benedikt XVI. in Regensburg, Kardinal Schönborn aus Wien und Weihbischof Jaschke aus Hamburg.

▷ Papst Benedikt XVI. begrüßt jeden Teilnehmer des Festaktes persönlich, hier Pfarrer Franz Xaver Heibl, Mitarbeiter des Instituts Papst Benedikt XVI. in Regensburg.

RÖMISCHE BIBLIOTHEK JOSEPH RATZINGER / BENEDIKT XVI.

Die jüngste Initiative des Römischen Instituts der Görres-Gesellschaft (RIGG) und des Priesterkollegs ist die »Römische Bibliothek Joseph Ratzinger / Benedikt XVI.«. Die Benedikt-Bibliothek stellt in Zusammenarbeit mit der »Fondazione Vaticana Joseph Ratzinger / Benedetto XVI« alle verfügbaren Veröffentlichungen von und über Joseph Ratzinger in allen Sprachen zur Verfügung und bietet fachkundige Hilfe an. Papst Benedikt hat mit zahlreichen Büchern und Schriften aus seinem persönlichen Besitz den Grundstock dazu gelegt und sie der vom Römischen Institut der Görres-Gesellschaft betreuten Gemeinschaftsbibliothek des Priesterkollegs anvertraut.

▷ Einweihung der Benediktbibliothek durch Erzbischof Gänswein, im Beisein von Kardinal Ravasi, Bischof Voderholzer von Regensburg, Leiter des dortigen Instituts Papst Benedikt XVI., Prof. Heid und Rektor Fischer am 18. November 2015.

▷ Anlässlich der Vorstellung des Buches »Benedikt XVI. Diener Gottes und der Menschen« am 20. April 2015 wurde die Einrichtung der Benediktbibliothek bekannt gemacht.

Benedikt XVI.
Benedetto XVI

DER CAMPO SANTO TEUTONICO ALS ORT DER BEGEGNUNG

◁ Besuch der Bundeskanzlerin Dr. Angela Merkel im Campo Santo Teutonico am 19. März 2013 anlässlich der Amtseinführung von Papst Franziskus mit dem damaligen Vorsitzenden der Deutschen Bischofskonferenz, Erzbischof Robert Zollitsch (oben). Empfang in der Aula mit den Kardinälen Karl Lehmann und Reinhard Marx, dem Bundestagspräsidenten Norbert Lammert und dem Bundesratspräsidenten Winfried Kretschmann; Eintrag ins Gästebuch (unten).

▷ Besuch von Papst Franziskus im Campo Santo Teutonico am 24. März 2013, wenige Tage nach seiner Wahl zum Papst.

▷ Der Präsident des Landtages von Liechtenstein Albert Frick mit Gattin und Botschafter Prinz Stefan von und zu Liechtenstein beim Eintrag ins Gästebuch am 13. März 2024.

▷ Besuch des Hessischen Ministerpräsidenten Boris Rhein am 16. März 2023.

△ oben links: Bundespräsident Frank Walter Steinmeier trägt sich am 25. Oktober 2021 in das Gästebuch ein.

△ oben rechts: Bundeskanzler Olaf Scholz und Rektor Konrad Bestle bei einem Spaziergang über den Friedhof am 2. März 2024.

◁ Markus Söder, Ministerpräsident von Byern wird am 11. Mai 2024 vom Camerlengo und dem Vizecamerlengo am Eingang zum Friedhof begrüßt.

▷ Hendrik Wüst, Ministerpräsident von Nordrhein-Westfalen mit Mitgliedern des Vorstands und dem dt. Botschafter beim Hl. Stuhl auf der Terrasse des Campo Santo am 24. März 2023.

▷ Der Staatspräsident von Irland, Michael D. Higgins und Gattin vor der Gedenktafel für Mons. Hugh O´Flaherty am 10. Oktober 2023. In seinen Händen hält er die von Prof. Stefan Heid erstellte Broschüre zu Mons. Hugh O´Flaherty (siehe a. o. S. 115).

and oppressed.
lives from the National Socialists
Died 30.10.1963. Buried in Cahersiveen, County Kerry, Ireland

STIFTUNG PRO CAMPO SANTO TEUTONICO

Um die vielfältigen Aufgaben, die mit der Erhaltung, Pflege und der Erneuerung des einzigartigen Ortes Campo Santo Teutonico verbunden sind, zu unterstützen, wurde im Sommer 2021 der Verein »Stiftung pro Campo Santo Teutonico« mit Sitz in München gegründet und im Vereinsregister eingetragen.

Die Stiftung ist ein Förderverein und dient kirchlichen sowie gemeinnützigen Zwecken zur Förderung der Religion, der Kunst und Kultur, der Denkmalpflege, der Wissenschaft und Forschung.

Zweck des Vereins ist die Förderung der Erzbruderschaft zur Schmerzhaften Muttergottes der Deutschen und Flamen beim Campo Santo Teutonico, insbesondere die ideelle und materielle Förderung, die Erhaltung, Pflege und Sanierung/Renovierung sowie der laufende Unterhalt des Campo Santo Teutonico, demnach des deutschen Friedhofs sowie der zugehörigen Gebäude in Rom auf dem Gelände direkt neben der Basilika von Sankt Peter im Vatikan (§ 2.2 der Satzung).

Der Satzungszweck wird insbesondere durch Zuwendungen aus Mitgliedsbeiträgen, Umlagen, freiwilligen Spenden, durch Erlöse aus Veranstaltungen und durchzuführenden Marketing- und Fundraisingmaßnahmen, sowie den persönlichen Einsatz und Öffentlichkeitsarbeit durch die Vereinsmitglieder für die Zwecke der geförderten Erzbruderschaft verwirklicht.

Der Verein verfolgt ausschließlich und unmittelbar gemeinnützige Zwecke.

Der Verein ist vom Finanzamt München als gemeinnützig anerkannt. Spenden sind steuerlich absetzbar.

Ein solches Unternehmen an diesem besonderen historischen Ort bedarf nicht nur zahlreicher Förderer und Sponsoren, sondern auch einer moralischen Unterstützung. Diese fand der Vorstand in der Person von Kard. Jean-Claude Hollerich, dem Erzbischof von Luxemburg, der die Schirmherrschaft über die Stiftung übernommen hat.

Die feierliche Überreichung der entsprechenden Urkunde fand im Anschluss an den Festgottesdienst des Patronatsfestes 2021 statt. In seiner Ansprache dankte

der Vorsitzende der Stiftung dem Kardinal, dass er mit seinem Namen und seiner Persönlichkeit das Bemühen um den Erhalt und die bauliche Erneuerung des altehrwürdigen Campo Santo Teutonico unterstützt und somit seine enge Verbundenheit mit diesem Ort zum Ausdruck bringt, den die Menschen aus den verschiedenen Regionen der Germania inferior und Germania superior, also aus der ganzen deutschsprachigen und niederländisch-flämischen Welt über Jahrhunderte als ein Stück Ihrer Heimat betrachtet haben und bis heute betrachten.

Die Stiftung erhält seither aus allen Teilen der Bevölkerung kleine und größere Zuwendungen. So konnte die Stiftung im Sommer 2024 maßgeblich die Restaurierung von drei erhaltenen originalen Gipsmodellen aus der Mitte des 19. Jh. fördern. Sie wurden für eine damals geplante Marmorausführung der Kreuzwegstationen auf dem Friedhof nach den Entwürfen des berühmten Nazarenerkünstlers Friedrich Overbeck, der im 19. Jh. auch Camerlengo der Erzbruderschaft war, geschaffen und sind nunmehr in der Kirche vor weiterer Zerstörung gerettet.

Die Stiftung freut sich über jede Förderung, ob klein oder groß, damit sie ihren Stiftungszweck erfüllen kann.

Spendenkonto »Stiftung pro Campo Santo Teutonico«
Pax-Bank Köln
IBAN DE17 3706 0193 0017 5960 04
BIC GENODED1PAX

△ Überreichung der Urkunde durch den Vorsitzenden an den Schirmherrn der Stiftung, Jean-Claude Kard. Hollerich am 8. Dezember 2021.

◁ Gipsmodelle der I., III. und XIV. Kreuzwegstation nach Friedrich Overbeck.

Gott unser Vater!

Wir danken Dir für unsere Erzbruderschaft.
Wir sind Frauen und Männer deutscher, flämischer oder
niederländischer Sprache und wollen
am Campo SantoTeutonico
Gastfreundschaft und spirituelle Heimat schenken.
Gib uns Sensibilität und Liebe,
um den Menschen jene Hilfe zu geben, die sie brauchen.
Verleihe uns Klugheit, Gerechtigkeit, Tapferkeit und Maß,
damit wir unseren Weg in rechter Weise gehen.
Hilf uns den Glauben lebendig zu erhalten.
Stärke die Gemeinschaft untereinander und
mit unserem Priesterkolleg
und dem Römischen Institut der Görres-Gesellschaft,
damit wir alle voll Freude unseren Dienst versehen.
Schenke unserer Berufung
zum Gebet für die Verstorbenen
Beharrlichkeit und Treue.
Gib unseren verstorbenen Mitgliedern und Freunden,
und allen, die auf unserem Friedhof ruhen,
die ewige Ruhe;
und das ewige Licht leuchte ihnen,
Herr, lass sie ruhen in Frieden!

Heilige Maria, Mutter der Barmherzigkeit, bitte für uns.

LITERATURVERZEICHNIS UND BILDNACHWEIS

Literaturverzeichnis:

A. de Waal, Der Campo Santo der Deutschen in Rom, Freiburg 1896.

P. M. Baumgarten, Cartularium Vetus Campi Sancti Teutonicorum in Urbe, Römische Quartalschrift, 16. Supplementheft, Rom 1908.

E. David, Vorgeschichte und Geschichte des Priesterkollegiums am Campo Santo, Römische Quartalschrift (1927) und Separatdruck, Freiburg 1928.

A. Schmidt, Das Archiv des Campo Santo Teutonico, Römische Quartalschrift, 31. Supplementheft, Freiburg 1967.

E. Gatz (Hg.), Hundert Jahre deutsches Priesterkolleg beim Campo Santo Teutonico, Römische Quartalschrift, 35. Supplementheft, Freiburg 1977.

Ders., Anton de Waal (1837–1917) und der Campo Santo Teutonico, Römische Quartalschrift, 38. Supplementheft, Freiburg 1980.

Ders. (Hg.), Der Campo Santo Teutonico in Rom, Bd. I: A. Weiland, Der Campo Santo Teutonico in Rom und seine Grabdenkmäler, Bd. II: A. Tönnesmann / U. V. Fischer Pace, Santa Maria della Pietà, Die Kirche des Campo Santo Teutonico, Römische Quartalschrift, 43. Supplementheft, Freiburg 1988.

Deutsche in Rom im 15. und 19. Jh., Römische Quartalschrift Bd. 86 (1991).

Festschrift zum 1200-jährigen Bestehen des Campo Santo Teutonico, Römische Quartalschrift Bd. 93 (1998) Heft 1–2.

K. Schulz, Confraternitas Campi Sancti de Urbe. Die ältesten Mitgliederverzeichnisse (1500/01–1536) und Statuten der Bruderschaft, Römische Quartalschrift, 54. Supplementband, Freiburg 2002.

E. Gatz / A. Weiland, Der Campo Santo Teutonico in Rom. Schnell Kunstführer 1000, Regensburg4 2006.

St. Heid, Campo Santo Teutonico. Höhepunkte der Jahre 2004 bis 2010, Città del Vaticano 2010, zitiert als »Festschrift«.

Der Kreuzweg am Campo Santo. Mit einer Meditation und Einführung von Kurt Kardinal Koch, Freiburg 2016.

St. Heid, Wohnen wie in Katakomben. Kleine Museumsgeschichte des Campo Santo Teutonico, Regensburg 2016.

T. Lohr, Die Kirche Santa Maria della Pietà am Campo Santo Teutonico zwischen Historismus und Zweitem Vatikanischen Konzil, Römische Quartalschrift, 69. Supplementband, Freiburg 2023.

A. Weiland, Zur Entstehungsgeschichte des monumentalen Kreuzwegs auf dem Campo Santo Teutonico in Rom, in: St. Heid / J. Grohe (Hrsg.), Historische Intuitionen. Hommage an Joseph Ratzinger / Papst Benedikt XVI., Römische Quartalschrift, 72. Supplementband, Freiburg 2024, 498–524.

Bildnachweis:

Áras an Uachtaráin, Ireland: S. 131 unten; Archiv Campo Santo Teutonico: S. 14; Biblioteca Apostolica Vaticana, Archivio Capitolo S. Pietro, Città del Vaticano: S. 18; Bayerisches Hauptstaatsarchiv München: S. 26; Bildarchiv Campo Santo Teutonico: S. 40 unten, 41 unten, 42, 112, 114 unten, 115 oben, 118, 120, 124–128, 129 Mitte und unten, 130 unten, 132; Bundesregierung / Guido Bergmann: S. 130 oben links, Bundesregierung / Steffen Kugler: S. 130 oben rechts; CatholicPressPhoto srl. Monica Giuliani: S. 133; Stefano Castellani, Rom: S. 20, 22/23, 27, 28, 30/31, 33, 34, 46/47, 48, 66, 74–76, 81, 84–87, 90, 92–95, 104, 111 links, 114 oben, 115 unten; Falk Flach, Berlin: S. 24; Christof Kirzinger, Rom: S. 40 oben, 41 oben; nach einem Foto von Jessica Krämer, Rom: S. 111 rechts; Marcel Kusch, Land NRW: S. 131 oben; L'Osservatore Romano, Città del Vaticano: S. 123, 127 unten, 129 oben; Stefan Meier, Rom: S. 35; Erwin Reiter, Haslach: Umschlagbild vorne und S. 2, 4, 6, 8–12, 15, 17, 44/45, 49, 50, 52–65, 67, 68–72, 77–80, 82, 83, 88, 89, 91, 96–103, 107 –110, 135; Nicola Ricotta, Rom: S. 39; Nicolas Stark, München: S. 36–38, 43; nach A. Tönnesmann (1988): S. 21; nach A. Weiland (1988): S. 73; Georg-Meistermann-Nachlassverwaltung, Dr. Justinus Maria Calleen / © VG Bild-Kunst, Bonn 2024: S. 44/45, 50, 54

DER CAMPO SANTO TEUTONICO
EINE DEUTSCHSPRACHIGE EXKLAVE IM VATIKAN

Im Auftrag der Erzbruderschaft zur schmerzhaften Muttergottes beim Campo Santo der Deutschen und Flamen

herausgegeben von Albrecht Weiland

Mit Beiträgen von Albrecht Weiland, Stefan Heid und Kurt Kardinal Koch

Bibliografische Information der Deutschen Nationalbibliothek:
Die Deutsche Nationalbibliothek verzeichnet diese Publikation in der Deutschen Nationalbibliografie; detaillierte bibliografische Daten sind im Internet über https://dnb.de abrufbar.

2., aktualisierte Auflage 2024

Umschlaggestaltung: Anna Braungart, Tübingen
Konzept und Gestaltung: Albrecht Weiland, Regensburg
Satz: typegerecht berlin
Druck: Gutenberg Beuys, Langenhagen

ISBN 978-3-7954-3931-6

Weitere Informationen zu den Verlagsprogrammen beider Verlage finden Sie unter:
www.schnell-und-steiner.de